名 人 与 读 书

赵立云　刘文键　张　锐　编著

吉林人民出版社

图书在版编目(CIP)数据

名人与读书 / 赵立云, 刘文键, 张锐编著. -- 长春
: 吉林人民出版社, 2012.4
  (看世界丛书)
  ISBN 978-7-206-08783-7

  Ⅰ.①名… Ⅱ.①赵… ②刘… ③张… Ⅲ.①名人 –
生平事迹 – 世界 – 青年读物②名人 – 生平事迹 – 世界 – 少
年读物 Ⅳ.①K811-49

  中国版本图书馆CIP数据核字(2012)第071162号

名人与读书

MINGREN YU DUSHU

编　　著:赵立云　刘文键　张　锐
责任编辑:韩春娇　　　　　　　　封面设计:七　洱
吉林人民出版社出版 发行(长春市人民大街7548号　邮政编码:130022)
印　　刷:北京市一鑫印务有限公司
开　　本:670mm×950mm　　1/16
印　　张:13.5　　　　　　　字　　数:200千字
标准书号:ISBN 978-7-206-08783-7
版　　次:2012年7月第1版　　　印　　次:2023年6月第3次印刷
定　　价:48.00元

如发现印装质量问题,影响阅读,请与出版社联系调换。

目录

方法篇

阅读时间

择书如友

心灵享受

目录
CONTENTS
2

感悟篇

走进书的世界

爱不释手

轶事篇

方法篇

阅读时间
择书如友
心灵享受

爱因斯坦

不把时间浪费在娱乐消遣上

● 人物光影

　　阿尔伯特·爱因斯坦（1879—1955），美国著名物理学家，现代物理学的开创者和奠基人，相对论"质能关系"的提出者，"决定论量子力学诠释"（振动的粒子）的捍卫者。爱因斯坦出生于德国乌尔姆市，父母均为犹太人。1900年，毕业于苏黎世工业大学，随后入瑞士国籍。1905年，获苏黎世大学哲学博士学位，其间在伯尔尼专利局任职。1913年，返回德国，任柏林威廉皇帝物理研究所所长和柏林大学教授，并当选为普鲁士科学院院士。1933年，因受纳粹政权迫害，迁居美国，任普林斯顿高级研究所教授，从事理论物理研究。1940年，加入美国国籍。1999年12月26日，爱因斯坦被美国《时代》周刊评选为"世纪伟人"。主要著作有：《物体惯性和能量的关系》《广义相对论基础》。

　　爱因斯坦在答复别人的问题时曾说到，兴趣对一个人的事业成功具有十分重要的作用，而没有提及勤奋刻苦读书的因素。实际上，勤奋刻苦的自学精神，可以说是爱因斯坦取得事业成功的先决条件。

　　不把时间浪费在娱乐消遣上。1898年，爱因斯坦在苏黎世工业大学读书时，在写给妹妹的一封信中曾说："唯一使我坚持下来、唯一使我免于绝望的，就是我自始至终在自己力所能及的范围内竭尽全力，从没有荒废任何时间。日复一日，年复一年，除了读书之乐外，我从不允许自己把一分一秒浪费在娱乐消遣上。"

　　根据实际情况有所取舍。爱因斯坦对自己曾有所规划，其中有一句是"我是一个执意的而又有自知之明的年轻人"。1896—1900年，在苏黎世工业大学读书时，爱因斯坦发现要成为一名好学生，必须在学习上改进诸多不足。于是，他根据自己的志向和兴趣来调整和安排学习与生活，"刷掉了"很多不太相关的课程，而以极大的热情和一丝不苟的钻研精神，在家里向理论物理学的大师们求教。最终，爱因斯坦在物理学领域取得了卓越的成就。事实证明，爱因斯坦这一大胆的舍弃和合理的调整，以及所做的"战略"选择，是完全符合自己的实际情况的。

深入理解，不可死记硬背。爱因斯坦所在的德国学校，教学纪律十分严格，且当时盛行的都是一些死记硬背的读书方法，他对此十分厌烦。爱因斯坦更喜欢在以"自由行动和自我负责的教育"方式和在理论学习中辩证地理解枯燥的论述。在即将报考大学时他曾表示，自己热衷于深入理解，但很少去死记硬背，所以觉得上大学从事更高层次的研究，绝不是一件轻松的事。大学期间，爱因斯坦仍坚持这种学习方法，并对物理学做出了卓越贡献。

此外，爱因斯坦读书时，还很喜欢和别人讨论。早在他上中学的时候，就与两位青年朋友经常在晚间，一起学习和讨论各种流派的哲学著作，探讨哲学和科学的各种问题。大学期间，他与马尔塞尔·格罗斯曼经常谈论物理命题，交流学习心得。后来，这位同学成为著名的数学教授和数学教育家，最后又帮助爱因斯坦建立了广义相对论。因为，广义相对论中不仅有物理学的论断和解释，还涉及一些数学命题，而这方面爱因斯坦相对薄弱，所以请格罗斯曼来一起来进行理论研究。

蔡元培
读书"四字诀"

● 人物光影

蔡元培（1868—1940），中国近代民主革命家、20世纪初中国教育制度的创造者、科学家。蔡元培，字鹤卿，号孑民，浙江省绍兴府山阴县人。26岁中进士、点翰林，29岁授编修。1902年，组织中国教育会并担任会长，创立爱国学社、爱国女学。1917年，任北京大学校长。他提出大学的性质在于研究高深学问，提倡学术自由、科学民主。他主张学与术分校，文与理通科。将"学年制"改为"学分制"，实行选科制，积极改进教学方法，精简课程，提倡自学。他的教育思想与教育实践，为中国教育发展，特别是高等教育的改革，发挥了巨大的推动作用。主要著作有：《中学修身教科书》《中国伦理学史》《哲学大纲》《蔡孑民先生言行录》。

蔡元培一生勤于读书，善于治学。他将自己的读书方法总结为四字诀："宏、约、深、美"。

"宏"，是指知识结构要博大宏伟，兼收并蓄，了解各门学科之间的内在联系，融会贯通，以打下广博而坚实的知识基础。蔡元培当过翰林，国学功底深厚，又多次留学，学贯中西，广泛研究文学、历史、哲学、美学、教育学、心理学、伦理学等多门学科。他曾把各种学术归纳为有形理学、无形理学及道学三大类而详加论述。

"约"，是指由博到约，精于一门。一个人的生命与精力毕竟有限，基础打好后，便要从十八般兵器中选择一两件最合手的，否则精力分散，一事无成。蔡元培博于各科，最后"约"于教育，他广泛搜集、阅读各种教育书刊，研究各国教育制度和学校课程。1912年2月，他发表了《对于教育方针之意见》，制定与颁布了中国第一个资产阶级性质的教育制度，相继出台《小学校令》《中学校令》与《大学令》，对几千年来的封建教育制度进行了全面改革，规定了各年级的课程，废止强迫学生"读经讲经"，增加了自然科学课程，实行男女同校，在短短的半年时间里做了大量推动中国教育进步的大事。

"深"，是指精通、发展、创造，在"约"的前提下重点突破，究本穷源，有所发现。在教育改革中，蔡元培批判了封建教育的弊端，提出在学校应实行军国民教育(体育)、实利主义教育(智育)、公民道德教育、世界观教育和美育"五育"并举、协调发展的方针。这"五育"，包含了德智体美全面发展的思想，展现了蔡元培培养青少年的崇高理想。

"美"，是指一种最高精神境界。在治学中付出了巨大的劳动，才能步入这一理想境，从而陶冶人的情操，净化人的心灵，使人变得高尚。1917年，蔡元培就任北京大学校长，大胆提出了"学术自由，兼容并包"的主张，起用陈独秀担任北京大学文科学长，请李大钊、鲁迅、胡适、钱玄同等一批新派人士在北大任教。蔡元培在北大主持工作虽只有6年多，却使北大成为当时新思想的摇篮，成为"五四"新文化运动的策源地，呈现一派百家争鸣的繁华景象。北京大学的改革，是蔡元培教育思想的实验田，在治校中他的思想、道德、文章与事业逐渐进入"美"的境界。

陈寅恪

独立之精神，自由之思想

● 人物光影

  陈寅恪（1890—1969），中国现代最负盛名的历史学家、古典文学研究家、语言学家，江西义宁（今修水县）人。1910年，考取官费留学，先后到德国柏林大学、瑞士苏黎世大学、法国巴黎高等政治学院就读。1918年，在美国哈佛大学随篮曼教授学梵文和巴利文。1921年，又转往德国柏林大学攻读东方古文字学、中亚古文字学、蒙古语等科目。1925年，回国后在清华任教，与梁启超、王国维一同应聘为国学研究院的导师，并称"清华三巨头"。抗战胜利后，应聘于牛津大学。1949年，回国后任教于广州岭南大学、中山大学。主要著作有：《隋唐制度渊源略论稿》《唐代政治史述论稿》《元白诗笺证稿》《柳如是别传》《金明馆丛稿初编》《金明馆丛稿二编》《寒柳堂集》《陈寅恪学术文化随笔》《陈寅恪文集》。

  陈寅恪和王国维一起并称为中国史学界的"双子座"，除了读书渊博的原因之外，其读书治学的经验和方法也起到了很大的作用。概括起来，主要有三点：

  主张看原书，要有独立思考的精神和自由的思想。近世以来，随着中西文化的交汇和撞击，学术界基本上有两大派别，一派以传统方法为主，为"旧派"，他们多引证材料；另一派以新潮方法为主，所谓以"科学方法整理国故"，多为留外学生，重理论。陈寅恪认为"旧派失之滞"，"其缺点是只有死材料而没有解释"；而"新派失之诬"，认为"新派虽有解释，然甚危险……此种理论，不过是假设的理论"。因而，他觉得二者各有偏颇和缺陷，"讲历史重在准确，不嫌琐细"，所以，他提倡读原书，要有自己的思想。这种学习方法和读书方法，几乎贯穿了他的一生。

读书时喜写批语。与许多前辈知识分子一样，陈寅恪读书也喜欢写批语，把自己的读书心得和体会随时写在书上，这成为他重要的读书方法之一。不过，他的评点和批注不是作以简单的三言两语，而是密密麻麻地写满书页的天头地脚，包括眉批、旁批、夹批等多种形式。

据说，他在读白居易和元稹等人的诗集时，也是密密麻麻地写满了许多批语。可见，他长期以来已养成了读书时写批语的习惯。久而久之，也便成了一种读书方法。

打通文、史，"以诗证史"。古人说："文史不分家。"这话说起来容易，做起来却相当困难。因为文学类的书和历史类的书都浩如烟海，能把其中某一种类的书读遍弄通，便已不易；如把另一大类的书再读遍弄通，就更难了。所以，对于大多数的人来说，只能专攻一类，倘二者打通，为文史兼通者，自古以来便寥若晨星，陈寅恪却是其中灿烂的一颗。历来研读唐诗的人，多从艺术性上加以品味赞赏，很少有人从唐诗的角度去考察唐代的历史、风俗、政治和典章制度。而陈寅恪却从有"诗史"之称的杜甫的诗中获得启发，不但从新旧《唐书》中去考察唐代历史，而且从《全唐诗》中挖掘和发现了大量的材料，进一步考察唐代的社会和历史，为历史的研究打开了一片全新和广阔的天地，并纠正了历史文献中的一些错误记载。这种独特的读书角度和方法，给后人以极大的启发，向其学习者甚多。有人甚至将"以诗证史"视为陈寅恪一生治学的主要成绩。

哈钦斯
活到老，学到老

● 人物光影

哈钦斯（1899—1977），美国教育家，永恒主义教育流派的代表人物。1899年，出生于美国纽约布鲁克林区的一个笃信神学的家庭。1915年，就读于奥伯尔林学院，后因入伍中断学业。第一次世界大战后，转入耶鲁大学学习。1923年，在耶鲁大学任教。1928年，担任耶鲁大学法学院院长。1929年，担任芝加哥大学校长，推行"芝加哥计划"，对这所大学进行改革。与此同时，推行"名著教育计划"，并专门设立了"西方名著编纂咨询委员会"。1937年，担任马里兰州圣约翰学院的兼职董事，帮助该学院实施以名著教育为主的教育计划。1951年，提议成立"教育促进基金会"。主要著作有：《美国高等教育》《为自由而教育》《教育中的冲突》《学习型社会》。

哈钦斯作为一名教育家，积极倡导读名著。这是因为，教育的根本问题是要使受教育者对自己的文化传统有所了解，而历代名著经过时间的考验，是文化传统的记录和代表。因此，良好的教育必须通过阅读伟大的著作来进行。哈钦斯认为，名著内容丰富，意义深刻，可以一读再读，受益无穷。"这些著作之所以伟大，除了别的原因之外，还在于你每读一次，总会从中学习到一些新的东西"。

以我为主。谈到读书的态度，哈钦斯认为，对名著既要充分估计其作用，也要"以我为主"，不可一味迷信，大有"尽信书则不如无书"之意。他说："伟大著作具有无限的启发性。这些著作引导我们考虑其他著作、其他思想、其他问题，这使我们能触类旁通，扩大我们的思想领域。由于伟大著作的启发性是无限的，我们不可能达到其终极点。"他又说："西方思想界的每一本伟大著作，都是作为在它前面那一本的对立面而出现的。这并不是由于作者们的偏执或虚荣。关于人生的各种根本问题，不管是谁做出的表述，其清楚、概括、准确的程度，也还不能达到足以结束进一步探讨的高度。每一个表述，都还需要解释、修正、更改、扩展或反对。"因此，他把古今名著各抒所见的相互关系说成是"伟大的会话"，并以此作为其书名。他鼓励读者深入钻研，有一天"也能参加这场'伟大的会话'"。

从书中学习思想。谈到读名著的方法时，他说："如果你愿意捡起这些名著中的任何一本，开始读它，你将会发现，它并不像你原先设想的那样可怕。这些伟大的著作，从一种意义来说，对于我们中的任何人，都是最难读的书，而从另一种意义来说，却又是最容易读的书。所以最难读，是因为其所处理的是人类所能面临的最困难的问题，而且是用最复杂的思想来处理这些问题的。但是，对待人类思想中这些最困难的问题，这些伟大著作运用最好的思维，做出了对于这些问题所能阐述的最简明扼要的表述。在人类各种基本问题上，没有比它更容易的书可读了。"

活到老，学到老。哈钦斯认为读书、受教育，都应该是活到老，学到老，"任何人不可能已经'受过'了一个人、一个公民所该受的教育，除非是从一种表面形式上的、非主要的、不成熟的意义上说。这种教育只该在生命本身结束时才一同结束"。因此，"每个人都该让他的心智功能一辈子保持工作状态，每个人都该让他的想象力受到富有想象力的伟大著作的触动，越经常越好，每个人都该永无休止地向他的聪明才智所能达到的水平迈进"。这种提法，作为教育理想，看得比较深，作为教育实践，也可说是美国教育界所提的"终生教育"的根据之一。

华罗庚

由薄到厚，由厚到薄

● 人物光影

华罗庚（1910—1985），世界著名数学家，中国解析数论、矩阵几何学、典型群、自安函数论等方面的创始人和开拓者。在国际上以华氏命名的数学科研成果就有"华氏定理""怀依—华不等式""华氏不等式""普劳威尔—加当华定理""华氏算子""华—王方法"等。华罗庚生于江苏金坛金城镇。1924年，金坛中学初中毕业后刻苦自学。1930年，在清华大学任教。1936年，赴英国剑桥大学访问、学习。1938年，回国后任西南联合大学教授。1946年，赴美担任普林斯顿数学研究所研究员、普林斯顿大学和伊利诺伊大学教授。1950年，回国担任清华大学数学系主任、中科院数学所所长等职。20世纪50年代，发现和培养了王元、陈景润等数学人才。1956年，着手筹建中科院计算数学研究所。从1960年起，开始在工农业生产中推广统筹法和优选法，足迹遍布27个省市自治区，创造了巨大的经济效益。 主要著作有：《统筹方法平话》《优选法平话》《统筹法平话及补充》《优选法平台及其补充》。

纵观华罗庚的一生，其治学读书的严谨态度和独到的方法让人深有感触。

以慢功夫打基础。读书，谁都想取得既快又好的效果。我国著名数学家华罗庚为了提高读书的效率，先用慢功夫打基础，然后再逐步加快进度，因而收到了很好的效果。

华罗庚刚开始自学时常犯急躁的毛病，一个劲地加速，结果所学的知识成了"夹生饭"。这个教训使他领悟到：片面求快不符合读书的辩证法。后来，他干脆在学校里学得慢些，练习做得多些，结果用了五六年时间才学完高中课程。看起来，高中课程学得慢了一些，但因为学得扎实，为后来大学课程的学习带来了方便。

厚薄法。读书要"由薄到厚、由厚到薄"。华罗庚提倡读书多做笔记，多做习题。通过多做笔记，多做习题，就把薄书读成了厚书，因为有了大量的训练，就对书中的基本原理、论证核心逐步有了深刻了解，将其提炼后，其余部分都是融会贯通的结果了，而基本原理、论证核心是不多的，所以又把厚书读成了薄书。

这个"由薄到厚、由厚到薄"的过程与王国维的"境界说"有异曲同工之妙。由薄到厚的过程是"昨日西风凋碧树，独上高楼，望尽天涯路"，由厚到薄的过程是"衣带渐宽终不悔，为伊消得人憔悴"，而最后的结果是"众里寻他千百度，蓦然回首，那人却在灯火阑珊处"。这个过程是艰辛的，而且通常未必能够走到最后，但如果没走过这条"由薄到厚、由厚到薄"的路，还想有些成绩，必会更加艰辛。

推想法。一本书拿到手后，他不是迫不及待地把书打开，而是先对着书名思考片刻，然后再开始闭目"想书"。他首先回顾过去所读的同类书籍的一般写法和通常观点，然后再设想，要是这个题目到了自己手里，自己应该怎样来"做文章"。待这一切全部想好后，再起身翻阅。这一来，凡是其他书上已说过的而且自己也熟晓的内容，就不再看了，专门去读书中那些独到之处。看完一本书后，并不是把整本书原封不动地装进脑子里去，而是添上一些自己所不知的新东西。如此这般读书，自然是举重若轻，读得既快且好。

华罗庚是自学成才的典范，不过其求学思路与某些自称"自学成才"的"民间科学家"迥然不同，值得每一位学生学习。

卡耐基

读书创造财富

● 人物光影

　　戴尔·卡耐基（1888—1955），20世纪最伟大的心灵导师，成功学大师，美国现代成人教育之父。卡耐基出生于密苏里州玛丽维尔附近的一个小城镇。1904年，就读于密苏里州华伦斯堡州立师范学院。1906年，以一篇《童年的记忆》为题的演说，获得了勒伯第青年演说家奖。卡耐基利用大量普通人不断努力取得成功的故事，通过演讲唤起无数陷入迷惘者的斗志，激励他们取得辉煌成就的斗志，其著作是20世纪最畅销的成功励志经典。这些书出版之后，立即风靡全球，先后被译成几十种文字，被誉为"人类出版史上的奇迹"。主要著作有：《沟通的艺术》《人性的弱点》《人性的优点》《美好的人生》《快乐的人生》《伟大的人物》《人性的光辉》。

　　卡耐基不仅对人生、处事、讲演、金钱、经商、家庭、生命等方面有独到的见解，而且对读书也有超乎常人的经验和认识，并提出了自己的方法。

　　读有价值的书，是致富的最佳方法之一。卡耐基是智慧型的思想家，即使在读书方面，他也是妙语连珠相当惊人。他提出用有限的时间多读有价值的书，即"将人生的前30年时间，用于读有价值的书，是致富的最佳方法之一。储蓄钱财有失落的可能，积蓄的知识却永远存留，且以法外利率增加起来"。在有的学者、教授眼里，如将人生前30年用于读书，也只是为了积累知识，为专业服务。卡耐基却把读书和致富结合起来，认为这不仅是积累知识，也是积累财富；不仅是为专业服务，也是为未来的生活服务。如此一来，读书的意义顿时拓宽。将人生的前30年用于读有价值的书，在某种意义上说，这本身也是一种读书方法，而且是一种最划算的方法。

　　读书要有系统有计划。卡耐基从前人的读书经验中总结到，一个人最好不要盲目地乱读书，而应有系统有计划地读书。他曾用陆华斯·乔特的话来启发大家："散漫地读书是人生的浪费，最要紧的是有组织地读。"他还举美国发明家爱迪生的例子，劝勉大家有系统、有计划地读书。年少时的爱迪生初到图书馆看书，就把书架上最先看到的书拿下来开始读，读完一本，再取另一本。有一天，图书管理员问他："你读了多少书了？"爱迪生回答说："15米。"原来他就是从书架这边看到那边。图书管理员看他读书没计划，也没受过指导，就教他如何制定读书计划，使他受益不少。于是，这位连学校门都未进过的少年发明家，从此便有计划地、系统地读书，终于成为当时知识最丰富的科学家之一。

读书用以补充新知。"工作时必须继续读书，否则，我们将被淘汰，甚至不能工作！"卡耐基的话并非危言耸听。一个人即使工作了，仍应不断读书，吸收新知识，学习新东西，以此来补充自己，跟上时代的步伐，否则将被社会所淘汰。许多人在青年时代刻苦学习，在校时读书也很努力，但是在工作中，或是成立家庭后就不再探求新知识，也不注意读书了，只用在学校学过的有限知识来支配工作。卡耐基认为，这样下去迟早会被社会淘汰。他以多产作家辛克莱为例来说明读书的重要性。辛克莱60多岁，献身文坛40余年，在出版了数百部著作的情况下仍保持着读书的习惯，每天总是抽出一定时间，阅读他人的著作。这种持之以恒的读书求知的精神，值得青年学生秉承。

兰　姆

选择时间去读书

● 人物光影

查尔斯·兰姆（1775—1834），英国散文家。兰姆出身贫穷，14岁即辍学自谋生路，先在伦敦南海公司，后在东印度公司做了整整36年的职员，直至退休。兰姆的随笔属于英国浪漫派文学运动的一个分支，从思想上摆脱理性主义的约束，追求个性和感情的解放；从创作方法上摆脱古典主义的限制，追求"我手写我心"的主张。兰姆在自己的随笔里以伦敦的城市生活为描写对象，从城市的芸芸众生中寻找出有诗意的事物，赋予日常生活中的平凡小事以一种浪漫的色彩。主要著作有：《莎士比亚戏剧故事集》《伊利亚随笔》。

重视和讲究读书的季节、时间以及地点的选择。兰姆认为，在什么情况下读什么书才比较适宜，实际上也就是读书环境的问题。例如，他主张，在开饭前的短暂时间或五六分钟的光景，是不适合拿一部《仙后》的书或严肃的说教布道文章来读的。这时所要做的，就是消遣。为此，可读一些轻松愉快的短文，让时间在轻松愉悦中流过。

兰姆在《读书漫谈》中写道："严冬之夜，与世隔绝，温文尔雅的莎士比亚不拘形迹地走进来了。在这种季节，自然要读《暴风雨》或者他自己讲的《冬天的故事》。"他认为，严寒的冬天，读一些与冬天或风雨相关的文学作品，不仅与环境相合，而且别有情趣，更能领会到文学作品中所渲染的气氛和魅力。

弥尔顿是17世纪英国大革命时期的代表诗人，曾写有长诗《失乐园》《复乐园》和《力士参孙》。其中，《失乐园》运用《圣经》题材，塑造了叛逆者撒旦的形象；《复乐园》借基督受难的故事，反映了英国大革命失败后诗人对革命的态度。由于这些诗都与宗教有关，表达的内容也比较严肃，因而兰姆别出心裁地认为，"开卷读弥尔顿的诗歌之前，最好能有人为你演奏一曲庄严的宗教乐章"。他觉得，这样才更容易领会弥尔顿诗中的意味和精神。不过，他又补充说，"如果听众摒除杂念，肯洗耳恭听对弥尔顿诗歌的朗诵，那么弥尔顿自会带来他自己的音乐"。也就是说，弥尔顿诗中自有音乐和旋律，但需要读者自己静心去聆听和体会。

兰姆很喜欢在室内读书。虽然他也曾羡慕一位牧师能在斯诺山上一边走路，一边阅读巨著，"对他那种远避尘俗、孑然独行的风度常常赞叹"，但他不得不承认，"这种超然物外、凝神贯注的脾气与我无缘"。其主要原因，就是他在户外读书精神无法集中，会为户外一些掠过眼边的人或物所干扰，使他好不容易记住的书本知识一下忘到九霄云外，所以他坦率地说："我不能算是一个户外读书的热心支持者。"兰姆的读书方法虽不显得重要，却很独特，未必能得到大多数人的赞同，但也能得到一部分人由衷的赞赏和拥护。

以书为友。除了注重读书的时间和季节，兰姆的读书热情恐怕要超过一般的知识分子。他曾经说："我把相当一大部分时间用来读书了……除了走路，我便读书，我不会坐在那里空想——自有书本替我去想。"他不仅喜欢读书，而且所读之书的范围也相当广泛。他坦诚地说："在读书方面，我百无禁忌。高雅的如夏夫茨利亚，低俗的如《魏尔德传》，我都一视同仁。凡是我可以称之为'书'的，我都读。"除了《礼拜规则》《宫廷事例年表》以及休谟和个别人的哲学著作、历史著作以外，"差不多什么书都可以读。我庆幸自己命交好运，得以具有如此广泛而无所不包的兴趣"。在他眼里，莎士比亚、弥尔顿等经典作家们的诗歌是宜于朗读的，但"为了一时一事而赶写出来，只能使人维持短暂兴趣的书，很快地浏览一下即可，不宜朗读"。对于"时新小说，即使是佳作"，他也认为不宜朗读，每当听到有人读这些时新作品，他便感到非常厌烦。他对读报似乎也抱有类似的成见。

老 舍
不能叫书管着我

● 人物光影

老舍（1899—1966），中国现代著名作家、杰出的语言大师，被誉为"人民艺术家"。老舍原名舒庆春，字舍予。1913年，考入北京师范学校。1918年，毕业后任北京市方家胡同小学校长。1922年，任南开中学国文教员。1924年，赴英国伦敦大学任东方学院中文讲师。1930年，回国任济南齐鲁大学文学院副教授。1934年，任山东大学中国文学系教授。1946年3月，应美国国务院邀请赴美讲学一年，期满后，留美写作。1949年底，返回北京。老舍一生勤奋笔耕，创作甚丰。主要著作有长篇小说《牛天赐传》《火葬》《四世同堂》《骆驼祥子》《我这一辈子》《正红旗下》，剧本《龙须沟》《茶馆》。

老舍写过一篇《著者略历》的自传，其中讲到自己的读书经历。他说："幼读三百千，不求甚解，继学师范，遂奠教书匠之基……27岁，发愤著书，科学哲学无所懂，故写小说，博大家一笑，没什么了不得……书无所不读，全无所获，并不着急。教书做事，均甚认真，往往吃亏，亦不后悔。"这段文字，形象地概括了老舍的读书经历。他7岁读私塾；10岁入市立小学。旧式的教学使他厌恶，敬而远之。后来，他进中学念书，只读了半年，因为付不起学费，转考免费的北京师范学校，毕业后当上了教书先生。如果按常规走下去，他终究只能是个人云亦云的教书匠罢了，但老舍从传统的文化模式中跳了出来，用他那支生花之笔刻画出众多栩栩如生的人物，描绘出人世百态的社会风情，这完全有赖于他那独具特色的读书方式。

广读，泛读。老舍自谦"读书没有系统"，实际上，他正似蜜蜂采花粉那样，广采博取。凡是他觉得有用的知识，都尽量广泛地涉猎。正像他说的，"借着什么，买着什么，遇着什么，就读什么。不懂得放下，使我糊涂地放下，没趣味地放下，不客气，我不能叫书管着我。"

快读，跳读。老舍说自己读书常常"读得很快，而记不住。"这实际是一种在短期吸收大量信息的快速读书法。对此，他曾幽默地说："读得快，因为我时常跳过几页去。不合我的意，我就练习跳远……看侦探小说的时候，我先看最后的几页，省事。"

细读，精读。广读，泛读，快读，跳读，并不意味着老舍不细读，精读。他曾把但丁《神曲》的几种英译本，无论是韵文还是散文，都仔仔细细地读过一遍，不光读原著，还读评论，并且还搜集了许多关于但丁的论著。但丁的《神曲》使他明白了文艺的真谛。1921—1929年间，老舍读近代英法小说，也是采用此法。他顺藤摸瓜，读过名家的一本译著，便又找来他的另一部书，如此这般，一直追寻下去，"昼夜读小说，好像落在小说阵里"。为此，他从法国的福楼拜、莫泊桑的小说里，汲取了不少有益的创造精华。

除读书外，老舍还十分注意向社会学习，"熟读社会人生"，从社会中获得各种直接的经验与知识。小说《骆驼祥子》，就是老舍深入人力车夫中体验生活，直接从小茶馆、大杂院，以及车厂里汲取原材料，从而创作出来的佳作。

列 宁

快速而有效地读书

● 人物光影

弗拉基米尔·伊里奇·列宁（1870—1924），全世界无产阶级和劳动人民的伟大导师和领袖，马克思和恩格斯事业和理论的继承者。列宁缔造了世界上第一个社会主义国家——苏联。列宁原名弗拉基米尔·伊里奇·乌里扬诺夫，生于伏尔加河畔辛比尔斯克（今乌里扬诺夫斯克）。1887年，进入喀山大学攻读法律，因参加革命活动而被捕。1895年，在圣彼得堡创立了彼得堡工人解放协会。1900年12月，在德国莱比锡创办了《火星报》，在思想上和组织上为筹建布尔什维克做好准备。1917年3月，听到沙皇垮台的消息后，列宁立即返回俄国，积极准备发动武装起义。在列宁的领导下，俄国人民终于取得了十月社会主义革命的胜利。这一伟大胜利开辟了人类历史发展的新纪元。主要著作有：《唯物主义和经验批判主义》《马克思主义和修正主义》《国家与革命》。

列宁知识渊博、思想丰富，他的辉煌与伟大，一方面来自革命实践，一方面也来自书本，与他的读书经验和方法不无关系。

阅读广泛。列宁所阅读的书籍，除了马克思、恩格斯等经典著作外，还有各种政治、哲学、文学著作，以及共产国际的有关材料和文献等。在他的办公室里，有着大量的手册、辞典、地图、报纸和各种书籍，这还是经过他本人挑选的，以便经常运用和查阅的，仅此就有2000余册。正是由于他的勤奋和广泛阅读，才使得他成为一名知识渊博的革命家和无产阶级革命领导人。1920年，列宁填写"俄共(布)莫斯科组织党员登记表"时，在"您读过哪些著作"一栏里，他写道："几乎全部"阅读了马克思、恩格斯和普列汉诺夫的著作。据不完全统计，在列宁的文章、札记和报告中，就引用了80多条国内外著名作家的名言警句，引用的作品多达230种。

读书速度快而有效。像列宁那样读这么多书，如果没有一定的阅读速度是不行的。凡是有机会见到列宁读书和了解他的人都知道，他的读书速度相当快。有人曾这样回忆列宁读书："每当我看见列宁在读书的时候，总觉得他不是在一行行地读，而是在一页页地读，并能迅速掌握全部内容，其深度和准确性令人惊奇不已。过一段时间后，他能凭记忆援引某些句子和段意，仿佛他是花了很长时间专门研究过这本书似的。"正是这个方法使列宁能够阅读如此大量的书籍和文章，令人不能不感到惊讶。

全神贯注，思想高度集中。列宁读书如此快速而有效，一方面与他的天分、渊博的知识和学问有关，但更重要的是与他读书时思想高度集中、全神贯注的状态和方法分不开的。

读书时做笔记、写批注，速度也极快。列宁在读书时也喜欢做笔记、抄摘要、写批注，但他的速度比一般人要快得多。据克鲁普斯卡娅回忆，列宁写字快得惊人，他使用缩写词。他写字的速度之快，非一般人可比，他写得很多，写得津津有味。列宁这个习惯，一方面与他敏捷的思维有关，与他的读书速度合拍，另一方面也是为了珍惜时间，以便能多读多写。这也是他长期阅读和工作中养成的习惯。

柳比歇夫
"时间统计"读书法

● 人物光影

柳比歇夫（1890—1972），苏联昆虫学家。1890年，生于彼得格勒（圣彼得堡）。1916年，在部队服役。1918年，十月革命后第二年，从部队复员，到辛菲罗波尔市的塔夫利达大学任教，开始从事学术工作。20世纪30年代，在彼得格勒全苏植物研究保护所工作，晚年在外省乌扬诺夫斯克任大学教研室主任。柳比歇夫研究的范围非常广泛，在生物学、科学史、哲学、历史学、数学、文学等领域均有很深的造诣。一生发表了70余部学术著作，撰写各种论文、专著达 12 500 页打印稿，许多著作被译成多种文字出版。苏联作家达尼伊尔·阿列克桑德罗维·奇格拉宁于1972年撰写了《奇特的一生》一书，以真人真事的文献形式，讲述了柳比歇夫献身科学的事迹。

读书时间统计法，是指只争朝夕，合理安排时间，善于利用一切时间，有计划地读书。柳比歇夫为了充分利用每一分钟，从26岁起对自己实行一种"时间统计法"，直到82岁逝世为止。56年间，他坚持一丝不苟地记下时间的支配情况，几十年如一日，从不间断。每分钟、每小时，自己做了什么，他都不厌其烦地一一详细记载，一天一小结，一月一大结，一年一总结，如果发现时间利用得不合理就马上改正。他用这种统计法获得了大量读书时间。

合理安排一天时间。柳比歇夫的时间安排得很合理，无论是阅读、研究、写作，还是休息和娱乐都安排得科学有序。清晨起来，头脑清醒，读书效率高，他就读哲学、数学方面的书，读一个半小时到两个小时后，就改读比较轻松的读物——历史或者自然科学方面的书，读一阵子，觉得累了就再读些文艺作品。他这样读书，是根据大脑不同阶段的状态，相互交叉来读各种不同类型的书籍，以达到最好的效果。

巧用时间的边角料。柳比歇夫把零散的时间称为"时间的边角料"。在乘车、排队、等人时，他都带着一本书，随时翻阅。他在植物保护研究所工作时，经常出差，每次他都要带上一定数量的书籍在路上阅读。如果是长期驻扎，他就把书打成邮包，寄到工作地点。他曾说："在路上看书有什么好处呢？第一，路上的不便你感觉不到，很容易将就。第二，神经系统的状况比在其他条件下要好。坐电车，我看的不是一种书，而是三种书。如果是从起点站坐起，那就可以有位子坐，因而不仅可以看书，还可以写字；如果车很挤，有时候只能把着扶手杆勉强站住，那就需要小册书，而且是比较轻松的。"这样，他把一切可以利用的时间都利用起来，日积月累，就获得了大量的读书时间，学到了大量的科学知识。

"多年来经常看表的结果，柳比歇夫肯定形成了一种特殊的时间感。在我们机体深处滴答滴答走着的生物钟，在他身上已成为一种感觉兼知觉的器官。"

"在某些地方，其他任何人都见不到有真理存在，他却在那里孜孜不倦地去探求真理；而在另一些地方已经确定了不可动摇的真理，他却在那里探求和怀疑。"

——《奇特的一生》

马克思

阅读与创作

● 人物光影

卡尔·马克思（1818—1883），马克思主义的创始人，第一国际的组织者和领导者，全世界无产阶级和劳动人民的伟大导师。马克思诞生于德国莱茵省特利尔城。1835年10月，在波恩大学攻读法学，一年后转入柏林大学法律系。1837年，开始认真钻研黑格尔哲学。1842年初，为自由主义反对派创办的《莱茵报》撰稿。在马克思的影响下，这份报纸越来越鲜明地倾向于民主主义革命。1843年秋，马克思迁居巴黎。其间，进行了理论研究工作，埋头钻研资产阶级经济学家，特别是英国古典经济学家亚当·斯密和大卫·李嘉图的劳动价值论，以及圣西门、博立叶、欧文等人的空想社会主义学说和空想共产主义的思想。1844年8月，恩格斯从英国来到巴黎，拜访了马克思，这是一次历史性会见。从此，他们开始了伟大的合作。主要著作有：《1844年经济学哲学手稿》《关于费尔巴哈的提纲》《德意志意识形态》《共产党宣言》《政治经济学批判》《资本论》《哥达纲领批判》。

马克思一生好学不倦，始终与书为伴。他不仅以毕生精力专门研究了政治经济学、哲学、政治学、法学、历史学和社会学各种学科，而且还酷爱文学，并阅读了大量的诗歌、小说和散文。作为一位伟人，马克思之所以能获得巨大的成功，在各个学科领域都能有所作为，成为一个时代思想的高峰，是与他科学合理的读书方法密不可分的。

读书喜欢作摘要和笔记。据《没有神话成分的马克思·他的生平和著作的编年研究》中记载，马克思的读书摘录填满了50本左右的笔记本，几乎有3万页，且是密密麻麻的小字。他所阅读和收集的万吨材料，使恩格斯感到惊诧。马克思所做的这些大量的摘录和笔记，无论是对于科学研究和从事写作，还是对他理清思路和掌握知识，都起到了难以估量的作用。

坚持有规律的读书生活。马克思一生虽然到过许多国家，但他一直没有间断读书，依然坚持读书与研究工作，并在其中找到"无穷的安慰"。他当时每天早上9点准时来到大英博物馆阅览图书，直至晚上7点回家。不管风吹雨打，春夏秋冬，每天均是如此，连博物馆里的工作人员都认识他了，知道他的专座。由于多年不间断地阅读，马克思的座位底下出现了双脚踩出的印痕。

紧张和轻松阅读有机结合。马克思主要从事政治经济学、哲学、政治学等领域的研究，在这方面投入了大量的精力和时间，孜孜不倦，数十年如一日，因而阅读任务也相当繁重和紧张。马克思早年爱好文学，喜欢阅读文学作品。因而，每当他工作疲倦，在理性的书籍里徜徉过久而需要休息时，他便捧起一本诗集，或是一本小说，走进另一个世界，以此来舒缓自己疲劳而又紧绷的大脑。

对于阅读与创作有明确的认识。由于书籍对各人的帮助不一样，所以每个人也都做出了不同的理解和评价。例如，有人将书籍视为自己的朋友，有人视为老师，有人视为智慧或快乐的源泉，有人视为人类进步的阶梯，也有人把它作为自己的装饰品，附庸风雅。但马克思不一样，虽然他早年也受到过书的启示，读过难以计数的书籍，可他却指着案桌上的书，对朋友们说："它们是我的仆人，必须按我的意志为我服务。"这至少说明了三点：一是马克思读书，既钻得进，又拔得出；二是马克思把当时欧洲的所有经典著作大致都通读了，不但没有拜服其下，反而站在这些经典之上，站在时代的高度以审视的眼光加以俯瞰，所以站得更高，看得更远；三是马克思读书，已经达到了一个相当高的境界。

秦 牧
"牛食鲸吞"读书法

● 人物光影

秦牧（1919—1992），中国著名文学大师、散文家。其散文作品风格独树一帜，被誉为"散文一绝"。在小说、童话、戏剧、诗歌、文艺理论等领域均有建树，故被喻为"一棵繁花树"。 秦牧原名林阿书，又名林派光、林觉夫、林顽石，祖籍广东澄海东里樟林。秦牧于香港出生，3岁时随父母移居新加坡。1932年，回到故乡樟林。青少年时期，曾就读于新加坡端蒙学校、樟林萃英学校、汕头一中等学校。新中国成立后，历任广东省文教厅科长、中华书局广州编辑室主任、中国作家协会广州分会副主席、《羊城晚报》副总编辑。主要著作有：作品集《秦牧散文选》，散文集《花城》《潮汐和船》，中篇小说

《黄金海岸》，文艺理论集《艺海拾贝》，童话《巨手》。

秦牧是我国现代著名作家。他博览群书，知识渊博，妙笔生花，擅长写散文，以优美隽永、色彩明丽的散文蜚声文坛。在数十年的读书创作生涯中，总结出了"牛食""鲸吞"的读书技巧。"牛食鲸吞"，喻指读书精读和泛读巧妙结合，重精轻掠，融会贯通的方法。

"牛食"。对于有价值的书，如经典著作或中小学生学习的课本，应该精读，就像老牛吃食那样，进行反刍，慢慢地咀嚼，反复地阅读，细细地品味。在牛食当中或背要点、或做笔记，既做到俯而读，又做到仰而思，力争真正熟读精思，有所收获。

秦牧对自己的"牛食"读书方法曾做过这样的描述："对应该精读的东西，学习老牛吃食的方法，要尽量慢读，边读边回忆温习，就像老牛反刍时那样，把咽下去的东西吐出来，再次进行咀嚼，直到极精极细时再咽下去。只有这样，一些生硬的东西才变得容易吸收了，某些难理解的地方也变得通俗易懂了。概括来说，牛食的办法就是精读的办法。"

"鲸吞"。对于一些课外读物，如小说、故事一类的书籍，应该泛读，就像鲸鱼吞食物那样，把有用的东西留下来，把无用的东西排出去。鲸吞食物时的情景是这样的："它们在海洋里游动时，张着大嘴，把很多小鱼虾连同海水一同吸进嘴里，然后闭上嘴，把水从须板中间滤出来，鱼和虾则吞进肚子里，一顿就可吃掉2000多公斤。"利用"鲸吞"法读书学习，就是要广泛地在知识的海洋中吸收大量信息，以此来开阔视野，全方位增强自己的综合能力。运用"鲸吞"读书法，秦牧说："鲸吞时尽可能快一些，不需要一个字一个字地盯着读，有时可以'跳读'一番，一扫而过。"他自己每天在读成堆的报纸杂志时，总是迅速地把最好的内容浏览一下就翻过去了。实际上，鲸吞读书法，就是泛读的意思。

学习借鉴秦牧主张的"牛食鲸吞"读书技巧，必须明确：人生有限，学海无边。只局限于"牛食法"，学到的东西就会很有限；如果一味地"鲸吞"，囫囵吞枣，也不会获得真正扎实的知识。只有做到重精和轻掠，才能博览群书，一专多能，掌握某些基础性学科。对少数名篇佳作、精彩片段，应该熟读精思，背诵于心，打下坚实的基础；对于多数读物，应以泛读为主，快速浏览，丰富人们的精神生活。

王　力

通古知今读书法

● 人物光影

　　王力（1900—1986），中国现代语言学的奠基人之一，以《红楼梦》为主要研究对象，建立了自己的汉语语法体系。王力，字了一，广西博白人。早年毕业于清华大学国学研究院，后留学法国，获巴黎大学文学博士学位。回国后，在清华大学、燕京大学、广西大学、西南联合大学、中山大学、岭南大学等校任教。1954 年，任北京大学教授。主要著作有：《中国文法学初探》《中国文法中的系词》《中国现代语法》《中国语法理论》《中国语法纲要》。

　　王力的读书方法，概括起来有三点：

　　读书要有选择。王力认为，"好书才读，不好的书和没用处的书不读"。因为人的时间和精力都有限，要把有限的时间和精力用在刀刃上。然而，好书和有用书的标准是什么呢？这要根据每个人所学的专业、从事的工作来定。一般地说，对专业有关的、对工作有关的，能学以致用、树立思想风尚或产生经济效益的就是好书和有用之书。对这些书，必须认真读、每天读、反复读，这就叫去粗取精。至于那些休闲书，只要是内容健康的，作为生活中的"调味品"，也可浏览，但那不是读书的问题，另当别论。

　　读书要由博返约，在博的基础上达到精。王力认为，"我们研究一门学问，不能说限定在哪一门学问里的书我才读，别的书就不念"。因为只读某一门学问的书，知识面就太窄了，碰到别的问题你就不懂了。他举了一个例子，"搞汉语史的，除了汉语史的专著要读，还有与之相关的很多其他类别的书也要认真读，首先是历史，其次是文学"。没有广博的知识基础，专业的"金字塔"是筑不起来的。"博"就好比塔基，"精"就好比塔尖，两者是相辅相成的。

　　读书要厚今薄古，古为今用。王力认为，"古书是古人知识和经验的记载和总结"。时代在发展，社会在进步，今人在继承古人知识和经验的基础上，根据时代和社会发展、进步之需要，对旧知加以修正，不断充实，不断创新，增加了新知。因此，今人的著作中无不包含对旧知精华的肯定，我们读书就不必再钻进纸堆里去重复古人的经验，而应把精力和时间放到利用已知去探索和创建新知的道路上，促进社会的发展和进步。

　　根据这样的读书方法，王力提出了四点读书方法：一是读书要读"序例"（即"序文"和"凡例"），二是要摘抄内容并记读书笔记，三是在书上做眉批（如果书不是自己的可写在读书卡片上），四是写读书报告（即书评）或读后感。

吴文俊
文理兼修，古为今用

● 人物光影

　　吴文俊（1919—2017），中国科学院院士，数学家、科学家，致力于拓扑学示性类与示嵌类研究、中国数学史研究、数学机械化方法研究，并做出了巨大贡献。先后获得第一届国家自然科学奖的最高奖，陈嘉庚基金"数学科学奖"，香港求是科学基金会"杰出科学家奖"，第三世界科学院"数学奖"。1997年，获国际自动推理最高奖——"Herbrand自动推理杰出成就奖"。2000年，获中国首届最高科学技术奖。吴文俊出生于上海一个知识分子家庭，家中藏书颇丰。五四运动时期，许多经典著作和历史文籍，为吴文俊提供了精神食粮，对其影响颇深。1936年，以优异的成绩考取交通大学数学系。1947年，考取中法交换生赴法国留学，并获得博士学位。1951年，深怀爱国之心，谢绝法国师友的热情挽留毅然回国，投身新中国的建设事业。

吴文俊最感兴趣的是，用算法及可计算性的观点分析中国古代数学。他涉足中国数学史研究二十余年，开辟数学史研究的新阶段。1975年，在《数学学报》上发表了《中国古代数学对世界文化的伟大贡献》，精辟地论述了中国古代数学的世界意义，揭示了中国古代几何数学的本质特征——几何代数化，提出了研究古代数学史的方法论原则，并在不同场合阐明这些原则。尤其在1986年的世界数学大会上，他在做题为"中国数学史新研究"的报告时，将提炼出的两条原则公之于世。

原则一：所有研究结论应该在幸存至今的原著基础上得出。

原则二：所有结论应该利用古人当时的知识、辅助工具和习惯用推理方法得出。

他在《〈海岛算经〉古证探源》一文中，率先运用这些原则，复原了已经失传的全部古证，为数学史研究做出了榜样。

吴文俊不仅将中国古代数学构造性和机械与西方数学演绎式和公理化相对应，而且指出，两种数学主流对数学发展起过巨大作用，理应兼收并蓄，不可有所偏废。正是吴文俊对中国古代数学机械化特性的全面认识，才促使其萌发并进行了创立数学机械化的伟大工程。他曾深刻地说："假如你对数学的历史发展，对于一个领域的发生和发展，对一个理论的兴旺和衰落，对一个概念的来龙去脉，对一种重要思想的产生和影响这许多历史因素都弄清楚了，我想，对数学就会了解得多，对数学的现状就会知道得更清楚、深刻，还可以对数学的未来起到一种导向的作用。也就是说，可以知道数学究竟应该按怎样的方向发展，才能收到最大的效益。"

爱默生
做一名会读书的发明家

● 人物光影

拉尔夫·瓦尔多·爱默生（1803—1882），美国散文家、思想家、诗人。1803年，出生于马萨诸塞州波士顿附近的康科特镇。曾就读于哈佛大学，后进入哈佛神学院担任基督教神教派牧师。1837年，以《美国学者》为题，发表了一篇著名的演讲词，宣告美国文学已脱离英国文学而独立，被誉为美国思想文化领域的"独立宣言"。爱默生集散文作家、思想家、诗人于一身，他的诗歌、散文独具特色，注重思想内容，没有华丽的辞藻，行文犹如格言，哲理深入浅出，说服力强，且有典型的"爱默生风格"。主要著作有：《论文集》《代表人物》《英国人的特性》《诗集》《五日节及其他诗》。

毋庸置疑，存在一种正确的读书方法，这就是让书籍严格地服从读者的需要。"思想的人"不能受制于工具，书本是学者用来休憩的。当他能直接理解上帝的意旨时，他就大可不必浪费宝贵的时间去嚼他人嚼过的馍。但是，黑暗会不时地来临，这是必然的——此刻，太阳隐退，群星暗淡——我们常常会回到点燃的灯光下，凭借它的光线，将我们再次引向东方，走向黎明。我们倾听，是为了我们能够发表意见。一句阿拉伯谚语说："一棵无花果树观看着另一棵无花果树，就结出了果实。"

我们从最好的书籍中获得的愉悦，其特点甚为明显。它们使我们深信，作者与读者之间是心有灵犀的。当我们阅读英国的伟大诗人乔叟、马维尔、德莱顿的诗句时，往往带着最为新鲜的愉悦——我的意思是，那种愉悦多半源自他们的诗篇凝聚了所有的时间。我们的惊喜中还混杂着某种敬畏。因为，这位诗人尽管生活在过去的世界，距今已有两三百年，他却说出了我的心里话，那是我几乎想到的，差一点儿要说出来的话。要不是有能证明心灵同一性的哲学原理，我们应当假定有某种预定的和谐，某种必然要被未来应验的心灵远见，以及为应对将来所需而做的某种准备，就像我们从昆虫身上观察到的现象：它们在临死之前为幼虫准备好食物，尽管它们根本见不到这些幼虫。

众所周知，人体可以从任何食物中汲取营养，哪怕是吃煮草根，喝皮鞋熬出来的汤。同样的道理，人类的大脑也可以从各种知识中汲取营养。

一个人必须做一名会读书的发明家，如同谚语所说："要想收获，先学耕耘。"阅读是有创造性的，写作也是有创造性的。当心灵被劳动与创作所充实时，我们所读的任何一页书都会明晰易懂、含蕴丰富，每个句子都意义倍增，作者的理念也天高地阔起来。这时，我们就会发现一个千真万确的道理，即在沉沉岁月中，那些圣贤先哲产生高见的时间既短且少。同时，有关这些高见的文字记录也是如此，恐怕只占其卷帙的极小部分。有辨别能力的读者在读柏拉图或莎士比亚时，只会读极少的部分，只会读那些先哲启示录中真实可信的部分。

当然，对于明智之士来说，有一部分阅读是不可或缺的。例如，历史与精密科学，他必须通过孜孜不倦地阅读来掌握。大学也与此相仿，有着自己不可替代的功能——教给学生基本原理，但它们只能是为我们提供高层次的服务，因为他们的目标不是机械地反复练习，而是创造，还因为它们必须从四面八方广聚良材，使之汇集到大学的殿堂，再用炽热的火种去点燃他们青春的心智。

冰 心
读书应该有挑选和比较

● 人物光影

冰心（1900—1999），中国现代著名女作家，在诗歌、散文、小说、儿童文学等多个领域中，取得了相当高的成就。早年在燕京大学读书，毕业后留学美国。回国后，先后在燕京大学、清华大学任教。新中国成立后，曾任中国作家协会理事等职。主要著作有：诗集《春水》《繁星》，小说集《超人》，散文集《寄小读者》《樱花赞》《小桔灯》《归来以后》，译著《园丁集》《吉檀迦利》。

冰心从小就喜欢读书。她曾说："一谈到读书，我的话就多了！"她写过不少有关读书的文章，并回忆道："我自从会认字后不到几年，就开始读书……我永远感到读书是我生命中最大的快乐！"

读书应做些挑选和比较。冰心赴美留学后归国任教，多与书籍打交道，即使到了晚年，"读书万卷"仍是她唯一的消遣。冰心每天从阅读中了解了许多事，知道了许多人。然而，书读多了，她也悟出了挑选和比较的道理和方法。她说："书看多了，我也会挑选、比较：比如说看了精彩的《西游记》就会丢下烦琐的《封神榜》，品《水浒传》里栩栩如生的人物，就不会看索然无味的《荡寇志》，等等。"

从个人爱好和兴趣上说，冰心比较喜欢挑选那些有真情实感的作品，而不喜欢看那些无病呻吟的东西。看完以后，她还会经常做一些比较，从中分出高低优劣，并总结道："书看多了，从中也得到一个体会：物怕比，人怕比，书也怕比，'不比不知道，一比吓一跳'。"

读书应该把身心和情感都投入进去。冰心在给小朋友的信中曾说："我小时候，没有什么儿童读物，只在大人的书架上乱翻，勉强看得懂的，就抽出来看，那些书也不过是《西游记》《水浒传》《三国演义》之类，以后就是些唐诗、宋词，以及《古文观止》，等等。但是，现在想起来，就是这些古书，给了我很大的益处。"

冰心之所以能在中国传统的经典作品中获得益处，与她全身心的感情投入和聚精会神的阅读有关。她在90岁时曾写过《忆读书》一文，其中就写到她幼年读《三国演义》的情景："读到《三国演义》，我第一次读到关羽死了，哭了一场，把书丢下了。第二次再读时，到诸葛亮死了，又哭了一场，又把书丢下了。"由对《三国演义》的兴趣，她又读到《水浒传》，同样也是全身心的感情投入："那部书里着力描写的人物，如林冲——林教头风雪山神庙一回，看了使我义愤填膺——武松、鲁智深等人，都有其自己极其生动的风格……"

除了学好规定的课程，也可多读些课外书。对于学生读课外书，一直是个争论不休的话题，家教严厉的父母或老师，一般不太赞成学生读课外书，认为这样有害无益，甚至会影响正常的学业。冰心倒认为学生在教科书外，不妨也多看一些其他书。她在《三寄小读者·通讯四》中勉励小朋友："我希望你们不但要好好学习课内的书，有空的时候，也多看些课外的书，最重要的是扩大你们的知识面。知识就是力量。"

恩格斯
要系统地读原著

● 人物光影

　　弗里德里希·恩格斯（1820—1895），马克思主义的创始人之一，马克思的亲密战友，国际无产阶级运动的领袖，杰出的哲学家、德国社会主义理论家、经济学家、自然科学家、语言学家、文学家、史学家。他与马克思一起创立了共产主义理论，被马克思称赞为"是一部真正的百科全书"。主要著作有：《德国农民战争》《德国的革命与反革命》《反杜林论》《社会主义从空想到科学的发展》《自然辩证法》《家庭、私有制和国家的起源》《路德维希·费尔巴哈与德国古典哲学的终结》《德意志意识形态》（与马克思合著）、《神圣家族》《共产党宣言》（与马克思合著）、《关于美国内战》《资本论》（第2卷、第3卷）。

1820年11月28日，恩格斯出生于德国莱茵省巴门市（今乌培塔尔市）一个纺织厂主家庭。少年时就学于巴门市立学校。1834年，转入爱北斐特理科中学。1838年，到不来梅一家商行供职，随后从事国际无产阶级运动。

恩格斯勤奋刻苦。他青少年时期在学校学习的时间并不长，上中学的时候，各门功课都学得很好，就在中学即将毕业的时候，被父亲派到巴门的营业所工作，后来又在柏林服了一年的志愿兵役。从商后，尽管琐碎的事务缠身，但恩格斯从来没有间断过刻苦的学习。稍微有点时间，他就抓紧时间读书至深夜。1841年，他在服役期间，还设法取得柏林大学旁听生的资格，断断续续地听了一年的课，最能吸引恩格斯的是军事艺术。服兵役使他学到了一些军事知识，刻苦钻研了大量的军事名著，并经常了解军事科学方面的新成果。

恩格斯很重视学习方法，认为不同的人应该掌握不同的学习方法。他的读书方法之一是重视读原著，一般不轻易使用第二手、第三手材料。1884年8月6日，德国社会民主党人格奥尔格·亨利希·福尔马尔给恩格斯写了一封信，说有一位女士对社会主义感兴趣并打算研究社会科学，但不知进哪一所高等学校才好。恩格斯复信道，"这个问题很难回答，因为关键是要自学，并掌握有效的自学方法"。恩格斯在信中还说："从真正古典的书籍学起，而不是从那些最要不得的德国经济学简述读物或这些读物的作者的讲稿学起。""最主要的是，认真学习从重农学派到斯密和李嘉图及其学派的古典经济学，还有空想社会主义圣西门、傅里叶和欧文的著作，以及马克思著作，同时要不断地努力得出自己的见解。"也就是说，要系统地读原著，因为"研究原著本身，不会让一些简述读物和别的第二手资料引入迷途。"

从恩格斯阅读过的书目来看，他虽然也读过大量的通俗小册子、报刊等，但花工夫最大，读得最多的还是那些经典原著。他认为，系统读原著是从事研究的一种正确的读书方法。这样，可以了解一个理论的产生、发展和完善的过程，不仅可以全面系统地掌握基本原理，而且还可以掌握其发展过程，了解这一理论的全貌。

郭沫若
目标决定方法

● 人物光影

郭沫若（1892—1978），中国现代著名的革命家、社会活动家，无产阶级文学家、诗人、剧作家，思想家、历史学家、考古学家、古文字学家，我国新诗的奠基人，是继鲁迅之后文化界公认的革命领袖。郭沫若原名郭开贞，字鼎堂，号尚武，笔名沫若。生于四川省乐山市观娥乡沙湾镇，幼年入家塾读书。1906年，入嘉定高等学堂学习。1914年春，赴日本留学，先学医，后从文。1919年9月，开始发表新诗。1921年，与郁达夫、成仿吾等人组织"创造社"。新中国成立后，负责国家行政、科学文化等方面的领导工作，同时坚持文学创作。主要著作有：诗集《女神》，历史剧《屈原》《虎符》《棠棣之花》《郑成功》《蔡文姬》《武则天》。

在中国现代作家中，郭沫若不仅素以才子著称，而且又以博学而闻名。不过他的才华和博学不是天生就有的，而是与他的刻苦学习和勤奋读书分不开的。由于郭沫若既从事创作，又潜心研究，社会科学和自然科学兼而有之，所以他的读书方法也与众不同，并曾按学科性质和个人情况而进行了划分。他说："读书的方法要看自己是为了什么目的，有为学习而读书，有为创作而读书，有为研究而读书，有为教育而读书。假如目的不同，方法上也就不免有些小异。"下面就对他所说的几种读书方法作以论述和介绍。

读书之为学习。在郭沫若看来，为学习而读的书，那是最基本的，不管你愿不愿意，喜欢不喜欢，都非得阅读。他在《我的读书经验》一文中曾郑重其事地说："为学习而读书，可以说是每一个人的基本要求。一个人自启蒙以来，到学成一种技艺，养成一种人格为止，所受的教育，都是为了这个目的，各级学校的课程，大体上都是带着强迫性的东西，非读不可。进步的国家要养成一个健全的国民，一定有周密的国民教育课程，每个人都必须经历。"

读书之为研究。郭沫若称其"这或许正是狭义的真正读书"，并直率地介绍了自己为研究而读书的具体方法："大抵在研究而读书上我的方法是：一是直探本源不受前人的约束，二是搜罗一切资料尽可能使其无遗憾，三是对于资料毫无容情地、毫不惜力地加以清算，必须彻底，绝不放松。这样去读书，我相信研究是会有成绩的。"他的《十批判书》《中国古代社会研究》等书，也许正是在这种读书方法下的产物。

读书之为创作。郭沫若几乎对所有的文艺形式都进行过创作，他说："为了养成文艺的写作能力，我曾读过古今中外一些名人的作品。这样的读书，自可以说是为创作而读书。"又说："我自己在写作上每每有这样的一种准备步骤。譬如我要写剧本，我是先把莎士比亚或莫里哀的剧本读它一两种，要写小说，我便先把托尔斯泰或福楼拜的小说读它一两篇。读时也不必全部读完，有时候仅仅读得几页或几行便可以得到一些启示，从而促进写作的兴趣。"

读书之为教育。郭沫若认为，"大学教授为准备讲义而渔猎，或小学教师为教育生徒而改课卷之类，属于为教育而读书。平心而论，教师上课，特别是大学教师上课，在备课中的确需要搜集许多相关的资料和书籍，自行摘录和梳理，以成讲义。你不得不承认这也是一种读书方法。有些大学教授的著作，甚至就是年积月累，由此形成的"。

克鲁普斯卡娅
一文三摘，有选择地读书

● 人物光影

娜杰日达·康斯坦丁诺夫娜·克鲁普斯卡娅（1869—

1939），苏联杰出的教育家、无产阶级政治活动家，革命导师列宁的夫人和亲密战友。克鲁普斯卡娅出生在彼得堡一个没落的贵族知识分子家庭。1889年，进入彼得堡女子高等学校学习。1891—1896年，在彼得堡郊区的工人夜校当教师，向工人们宣传革命道理。1896年，克鲁普斯卡娅被尼古拉二世逮捕，与列宁一同被流放到西伯利亚米奴新斯克州的寿山村，从此成了列宁最亲密的战友和助手。1907年，和列宁一起侨居海外。这时，除了参加革命工作外，她还考察了不少学校，研究了西方古典教育家的著作，在此基础上撰写了第一部用马克思主义观点写成的教育学专著。主要著作有：《国民教育和民主主义》《教育文集》（11卷）、《克鲁普斯卡娅教育文选》。

克鲁普斯卡娅是杰出的教育家，她一生勤于读书，并总结出了"一文三摘"读书方法，认为读重要的文章或书籍，应从三方面入手摘录。

要摘录重要的地方。克鲁普斯卡娅认为，读书时要敏锐地发现书中最重要之处，迅速把思想集中于该处，并一一摘录在笔记本上，这样就能及时抓牢重点，为进一步理解、记忆和应用创造条件。要摘录对难点的解释。人们在读书时必然会发现难点，就应继续深入钻研，找出书中对难点的解释。一旦真正弄懂后，要立即把它们摘录在笔记本上。难点之所以成为难点，是因为复杂和抽象。因为难，所以理解和记忆就需要加倍乃至数倍的工夫。如果不这样做，常会导致阅读时似乎已懂，过后仍然不懂的局面。

要摘录城市名称与人名及数字。克鲁普斯卡娅认为，这些内容由于比较抽象，所以难记，但在使用上却用处很大，而且往往要求引用精确。为此，将它们摘下来，对说明问题是很有实用价值的。

在"一文三要"的同时，还要坚持做到"两要"。一是要记得准确、清晰，免得日后花费很多的时间去辨认字迹。这是一些性急的人特别要注意的。二是要经常翻阅笔记。翻阅是复习，也是联想。常翻笔记可以加深记忆。重复是记忆之母，多次重复，不仅易于牢记，而且便于得心应手地随时取用。此外，在翻阅中还能做出由此及彼、由表及里的联想，对笔记进行改造制作，形成新的、独到的见解，把死书变活，从而达到学以致用的目的。

梁漱溟
无师自通的读书方法

● 人物光影

　　梁漱溟（1893—1988），中国著名的思想家、哲学家、教育家、社会活动家、爱国民主人士。原名焕鼎，字寿铭、萧名、漱溟，后以其字行世。祖籍广西桂林，生于北京。梁漱溟主要研究人生问题和社会问题，现代新儒家的早期代表人物之一，有"中国最后一位大儒"之称。受泰州学派的影响，梁漱溟在中国发起过乡村建设运动，并取得值得借鉴的成绩。一生著述极丰，主要著作有：《印度哲学概论》《究元决疑论》《乡村建设论文集》《中国民族自救运动之最后觉悟》《乡村建设大意》《乡村建设理论》《朝话》《中国文化要义》《人心与人生》《我的努力与反省》《梁漱溟教育论文集》。

　　与其他一些有影响的哲学家和教育家不一样，梁漱溟主要是靠自学成才的，他曾在《我的自学小史》中谈到了他的一些自学经历和经验。他说："我的一生是一个自学的实例，若将我自幼修学以至在某些学问上'无师自通'的经过，叙述出来给青年朋友，未始无益。"根据他本人的叙述，其自学的方法和经验大致有三点：

　　读书要有一颗"向上心"。梁漱溟虽然从6岁开始便已读书，如《三字经》《百家姓》《四书》《五经》等，但他认为自己先天条件并不好，体弱多病，因而曾坦率地说："我自幼呆笨，几乎全部小学时期皆不如人；自14岁虽变得好些，亦不怎样聪明。"可是，他却有一颗向上的心。他说："特别是自十三四岁开始，由于这向上心，我常有要求于己的责任，不论何事，很少需要人督迫。"

　　在他看来，"所谓自学，应当是一个人整个生命的向上自强，最要紧的是在生活中有自觉"。而一旦有了"向上心"，便会自觉地刻苦读书求学，不会偷懒。总之，梁漱溟认为，"向上心是自学的根本"，有了"向上心"，一个人就会自觉地加以自学。

注意同学之间的交流。梁漱溟说："自学条件，书报资料固然重要，而朋友亦是重要的。"他所说的几位朋友，实际上都是他同校的同学。梁漱溟虽然有其孤高自许的一面，但逢有真才实学的同学，他都能虚心求教，广为吸纳。他从同学陈子方、郭人麟、甄元甫等人的身上，学到了不少东西。凡此，皆可以看出同学之间互相交流和学习的重要性。

自学者应该经常阅读报纸杂志。梁漱溟曾深有体会地说："我的自学，最得力于杂志报纸。许多专门书刊或重要典籍之阅读，常是以杂志报纸先引起兴趣和注意，然后方觅它来读的。"

梁漱溟所读报纸杂志，并不是为了消闲，而是为了在报纸上学习专业知识。例如，他为了学习近代国家法制知识，就经常读《国风报》，因为那上面有许多论及国会制度、责任内阁制度、选举制度、预算制度、国库制度、审计制度等方面的文章，从中学到了许多知识，获得诸多收益。他对梁启超、张耀普、章太炎、章士钊等文化名流的认识和了解，也多半是通过读报知晓的。

洛克菲勒
书籍塑造灵魂

● 人物光影

约翰·D·洛克菲勒（1839—1937），美国实业家，美孚石油公司（标准石油）创办人。洛克菲勒出生于纽约州里奇福德镇。1858年，以800美元的积蓄加上从父亲那里以一分利借来的1000美元，同克拉克合伙成立了克拉 克—洛克菲勒公司，主要经营农产品。他未参加南北战争，却在战争期间赚取丰厚利润。1862年，公司利润达到17 000美元。1870年，出任标准石油公司总裁，资产达100万美元。在8年内，美孚石油公司炼油能力从占全美的4%猛增到95%，几乎控制了美国全部工业和几条大铁路干线，成为美国历史上第一个托拉斯。

洛克菲勒是美国家喻户晓的富豪，也是驰名世界的实业家。他早年家境贫寒，连上中学的书都是好心的邻居为他买的。他自己没受过系统的教育，但他相信书籍不仅可以提供智慧，使人们变得聪明起来，而且可以陶冶性情，洗涤心灵，使精神变得更充实、更崇高。

书籍是最好的精神食粮。洛克菲勒在写给他儿子的信中，鼓励他要阅读书籍，充实自己的灵魂和精神。他打了个比喻："我们花钱，以及很多时间，去修饰头脑的外表，刮胡须、理头发，我们有没有用同样的时间和金钱，来化妆自己头脑的内部呢？"他开导儿子说："事实上，精神食粮随处可得，如书籍。由伟大心灵撞击而写成的书籍，没有一本不是洗涤并充实我们心灵的食粮，它们早已一劳永逸地为后人指明了方向，而我们可以在其中任意挑选我们想要的。伟大的书籍就是伟大的智慧树。伟大的心灵之树，我们将在其中得以重塑。让我们学会既聪明又谦虚，既谦虚又聪明。"

伟大的书籍可以重新塑造自我。书籍可以改变自己的思想，重定自己的人生目标，也可以重新塑造自己的价值观念和人生观，甚至是弃恶从善。不过，洛克菲勒劝读的是那些"伟大的书籍"，而不是那些仅为赚钱而被书商炒作的书。他告诫自己的孩子："当然，我们不能读那些文字商人的书，他们的书有如瘟疫，散布无耻的邪念、讹误的消息和自负的愚蠢，他的书只配捧在那浅薄、庸俗的人的手里。"

洛克菲勒认为的"伟大的书籍"是那些能令人积极向上、奋发有为、并能找到"幸福之门"的书。他在给儿子的信中说："我们需要的是能给我们带来行动的信心与力量，能够将我们的人生推到另一个新高度和引导我们行善的书。"他为儿子推荐的是《奋力向前》一书。"它是一部激荡我们灵魂、激发我们生命热情的伟大著作，我相信美国人民都将因它的问世而受惠，并因此以最积极的方式运用自身的力量，抵达梦想的生命之境。我甚至相信，谁错过读它的机会，谁就很可能错过伟大的人生。我希望我的儿子能去读这本书，它能为所有的人开启幸福快乐之门。"

茅 盾

反复读"三遍"

● 人物光影

茅盾（1896—1981），中国现代著名小说家、文学评论家、文化活动家和社会活动家，五四新文化运动先驱者之一，我国革命文艺奠基人之一。茅盾原名沈德鸿，字雁冰，生于浙江桐乡市乌镇。这个太湖南部的鱼米之乡，是近代以来中国农业最为发达的地区，它紧邻着现代化的上海，又是人文气息荟萃的地方，塑造茅盾勇于面向世界的开放的文化心态，以及精致入微的笔风。其在故乡桐乡乌镇的居所——茅盾故居，被列为全国重点文物保护单位。主要著作有：《蚀》《幻灭》《动摇》《追求》《子夜》《林家铺子》、农村三部曲《春蚕》《秋收》《残冬》。

茅盾说："读名著起码要读三遍，第一遍最好很快地把它读完，这好像在飞机上鸟瞰桂林城全景；第二遍要慢慢地读，细细地咀嚼，注意到各章各段的结构；第三遍就要细细地一段一段地读、领会、运用，这时要注意到它的炼字炼句。"

茅盾精辟阐述了反复"三遍"的读书过程。

第一遍：粗读。对一本新书，要先粗略地读一遍，要"快、全、粗"。"快"是要粗粗地读，泛泛地读，很快把书读完；"全"是要了解全书的内容，留下初步印象；"粗"是对书中内容的字、词、句章不要仔细推敲、研究，对不认识的字，不理解的词和不懂的地方做个记号，待日后再去处理。

第二遍：精读。在第一遍粗读、大脑已留下初步印象的基础上，再做精读。精读时要"慢"、要"细"、要"深"。"慢"就是要放慢读书的速度。"细"是要读准每个字，理解每个词，懂得每句话的意思。如果有不理解的地方，就要查字典、词典或参考资料，请教别人。最后，再像老牛"反刍"那样，慢慢咀嚼、细细品味。"深"是要深入到文章里面去，把文章的思路、结构层次、字里行间的意思、各部分之间的关系、写作特点、时代背景、作者的写作目的和写作手法都读透。理解文章强调什么、反对什么、赞扬什么。

第三遍：消化。消化读书过程，是从"情感上的感动"到"理智上的感动"的过程。在粗读和精读的基础上，弄通整个作品的意思，反复琢磨、仔细推敲、边读边思索，吸收书中的精华，为自己所用；还要学会识别书中的不足之处，能够提出自己的真知灼见，以此来激发自己思维想象的创造性，使学用结合，增强自己对问题的思考、分析、观察、判断和解决的能力。

茅盾的反复"三遍"学成技巧，适用于阅读各类书籍和文章。如果能认真掌握，就一定会受益匪浅。

莫洛亚
读书的艺术

● 人物光影

安德烈·莫洛亚（1885—1967），法国文化名人，历史学家，在诸多领域取得成就并产生一定的影响。1939年，当选为法兰西学院院士。1965年，法国总统戴高乐颁令授予荣誉团一等勋章，表彰其在文化艺术方面的贡献。主要著作有：《雪莱传》《迪斯雷利传》《拜伦传》《屠格涅夫传》《服尔德传》《夏朵布·里昂传》《乔治·桑传》《雨果传》《三仲马》《巴尔扎克传》《英国史》《美国史》《法国史》。

读书是工作吗？瓦莱里·拉尔博称其为"不受惩罚的罪恶"，而笛卡尔却恰恰相反，称之为"与最为高尚的前人的谈话"。二者各有道理。

坏书对于沉溺其中的读者来说，无异于鸦片，使他们深陷于空幻的境地，超越了现实世界。这类人对什么书都爱不释手，即便偶尔翻开一本百科书，读起水彩画技法的词条也跟读有关火力机械的词条一样有强烈的兴趣。他们独自关在房中，径直奔向堆满报纸杂志的桌子，埋头于干巴巴的铅字之间，却从不冷静地想一想，动动脑筋。他们并不注重书中的思想内容和主题，只是一味地读下去，看不出字里行间的现实世界和思想实质。他们绝少从书中获益，对丰富的信息资料，也分不出价值的高低。他们读书完全是被动的，虽是在看，并不理解，不动脑子，更谈不上吸收。

相比之下，娱乐性的阅读还较为积极。爱读小说的人，在书中寻求美的感受、情感的复苏和迸发以及人间难遇的传奇。对他们来说，读书是一种乐趣。伦理学家和诗人喜欢在书本上重新找出自己过去的观察和感受。对他们，读书也是一种乐趣。最后一种以读书为乐的人，虽是没去研究某一具体的历史阶段，却也能认识到历史进程中人类的共同苦难。这种娱乐性的阅读是有益的。

最后是工作性阅读。当某项工程设计在头脑中已有一条主线，需要加以完善和补充的时候，人们便到书中去找寻所需的某些特定知识和材料。这种工作性阅读，倒不需要惊人的记忆，手里有支铅笔或钢笔就可以了。每本书读过之后，当再想回味一下思想主题的时候，也没必要把整本书重读一遍。请允许我举我个人的例子。当我读一本历史书或者其他类似严肃的书籍时，我总要在扉页上记上一些概括思想主题的词句，并给每个词的后面标好页码。这样，在需要时，我不必重读全书，就可以直接找到要找的地方。

读书，同所有的其他工作一样，也有其规律可循。

第一，最好是具体熟知一部分作家及作品，对大部分作家，只做一般性了解。初读一部作品，常常领略不到精华所在。年轻时，泛舟书海，如同步人尘世一样，应去寻朋觅友。当发现知音，选择、确定之后，就要携手并进。一生中能与蒙田、圣西门、雷斯、巴尔扎克以及普鲁斯特交上朋友，那就很充实了。

第二，在阅读众多的作品当中，要给伟大的作品一席显赫之地。当然，应该对当代作家感兴趣，这也是必要的。正是在他们之中，我们才有幸找到了与我们有着共同的忧虑与需求的朋友。但是，不要把自己淹没在一般性书籍的海洋中。名著之多，我们已经无暇一一问津。要相信前人的选择。一个人兴许看错，一代人也兴许看错，而整个人类不会看错。荷马史诗、塔西佗、莎士比亚、莫里哀等都肯定无愧于他们的荣誉。对于那些还没有来得及经受时间考验的作品，我们留待将来再去偏爱吧。

第三，认真选择精神食粮。各人的思想都有适于我们自己的养料，要学会辨认哪些是适合我们的作者，我们的朋友也将大相径庭。读文学作品，跟谈恋爱一样，对别人的选择总是感到吃惊。忠于我们自己的作者吧。在这方面，自我才是最最公正的法官。

第四，读书要尽量聚精会神，沉思冥想。如同亲临一场美妙的音乐会，一次神圣的礼仪。凡是一目十行、断断续续、心不在焉者都不能算是读书。真正的读书应该是通宵达旦；应该是为了某个特别喜爱的作家，贡献出冬天星期日的整个下午；应该是庆幸有时机在火车上重读巴尔扎克、司汤达小说中的某个片段，或者是《九泉下的回忆》。当他发现了某个自己喜爱的句子或段落时（如普鲁斯特的《山楂花》《小玛德兰点心》或托尔斯泰的《勒维纳的婚礼》），便会欣喜若狂，就像音乐爱好者在斯特拉文斯基的《彼得鲁什卡》中等来了魔法师主题音乐的出现一样。

第五，赋予伟大的作品以伟大的称号。因为，这些作品无论是描写西班牙客栈也好，描写爱情也好，读者在书中发现的只能是书中所有的。对情感的场面感兴趣的人，只能是对此已有感触的人，或者是年纪尚轻，抱着希望和焦虑的心情等待感情发展的人。一名去年读书还只是猎奇的青年，今天突然对《安娜·卡列尼娜》和《多米尼克》产生了强烈的兴趣。为什么？因为从今天起，他领略到了什么是爱的幸福和烦恼。再没有比看到这些更感人的了。伟大的社会活动家都是吉卜林的忠实读者，伟大的政治家都是培的伦和雷斯的忠实读者。读书的艺术，在很大程度上，就是在书中重新发现生活，更准确地理解生活的艺术。

塞涅卡
去读天才作家的作品

● 人物光影

塞涅卡（约公元前4—65），古罗马政治家、哲学家、悲剧作家、雄辩家、新斯多葛主义的代表。早年信奉毕达哥拉斯的神秘主义和东方的宗教崇拜，后皈依斯多葛派。曾任罗马帝国会计官、元老院元老、掌管司法事务的执政官和皇帝尼禄的家庭教师。塞涅卡著作颇丰，触及了可以作为研究对象的一切实际领域。他的思想对于后世产生了不可磨灭的影响；他的伦理学对于基督教思想的形成起到了极大的推动作用，为后世所公认的首选必读经典；他的言论被圣经作者大量吸收，因此有基督教教父之称。主要著作有：《道德书简》。

塞涅卡对读书方法认识独特而又精彩。

反对走马观花地阅读。塞涅卡根据自己的阅读经验，反对无重点、不集中、走马观花式的阅读方法。他曾说："对于任何一位大作家的作品没有深刻的了解，从一个作家跳到另一个作家，走马观花式地阅读所有作家的著作，就像刚吃的食物不为身体所吸收，而对健康无所裨益。不断改变治疗方法最不利于治愈疾病。"他还尖锐地指出："有许多书籍甚至只是有害无益。"为了说明其中的道理，他还打了个比方："一个接一个地品尝菜的味道，正是胃口不好的表现；食物名目繁多，种类殊异，不是滋补身体，而是戕害健康。"为此，他诚恳地劝告别人："还是一直研读成熟作家们的作品吧，如果产生了转换的念头，就立即回到已经熟悉了的作家们那里去。"

去研读那些有才华的大作家的作品。曾经有人向塞涅卡请教过有关读书方法的问题，想阅读各种不同作家的书。塞涅卡立刻在回信中指出："关于你提到的那种阅读方法，即对许多不同作家和各种各样的书籍的阅读，必须注意不能有杂乱散漫和随意任性的成分。如果你想从阅读中获得你永远铭记在心的知识，你就应该花更多的时间去研读那些无疑是富有天才的作家们的作品，不断从他们那里取得养料。"他所谓的"富有天才的作家们的作品"，很大程度上就是指那些古今公认的经典书籍，他认为首先选择这些书籍来加以研读和理解肯定是有益的。

读后要认真思考并当天消化。这主要是针对哲学书籍的阅读而言。因为，塞涅卡首先是一位哲学家，是新斯多葛主义的主要代表人物之一，曾阅读过许多哲学家的经典著作。他曾结合自己的切身体会而谈论道："浏览许多不同思想之后，要选取其中一个，认真思考并当天予以彻底消化。我就是这样做的。在我一直阅读着的那些思想著作中，我牢牢抓住其中一个。"

塞涅卡后来成为古罗马时代非常著名的哲学家和学者，或许就是与他以上一再主张并亲自实践的读书方法有关。

陶行知

读之善，用为上

● 人物光影

　　陶行知（1891—1946），中国现代历史上伟大的人民教育家。1891年，生于安徽歙县。1914年，毕业于金陵大学，后赴美留学，于伊利诺伊大学攻读市政学，次年获政治学硕士学位。 1915年，入哥伦比亚大学师范学院。其间，著名哲学家、教育家约翰·杜威"教育即生活，学校即社会"的观点对陶行知产生了很大的影响。1917年，回国后主要从事平民教育运动。1927年，在南京北郊晓庄创办晓庄师范。1931年春，在上海先后创办"山海工学团""报童工学团""晨更工学团""流浪儿工学团"。 1939年，在重庆创办育才学校。 1946年1月，创办重庆社会大学。主要著作有：《中国教育改造》《中国大众教育问题》《古庙敲钟录》。

作为一名卓越的教育家，陶行知对读书问题也很重视。他的读书方法和经验，大致可分为三点。

要选好书。陶行知是一位教育家，考虑问题往往从学生的角度出发，非常重视对于书的选择。他认为，世上的图书有两种，"一种是吃的书，一种是用的书"。所谓"吃的书"，主要是指文学等一类非应用型的书，而"用的书"，主要是指一些能指导读者动手操作的理工类图书。"中国是吃的书多，用的书少"，而在"吃的书"当中，也有好有坏，"有的好比是白米饭，有的好比是点心，有的好比是零食，有的好比是药，有的好比是鸦片"。在这种情况下，从教育的目的出发，陶行知认为要把书读好，首先得把书选好。他觉得一本书是好是坏，可以拿三种标准来加以衡量、判断：一是我们要看这本书有没有引导人产生新价值的力量，有没有引导人产生求新的价值的力量；二是我们要看这本书有没有引导人思想的力量，有没有引导人想了又想的力量；三是我们要看这本书有没有引导人动作的力量，有没有引导人完成一个动作又完成另一个动作的力量。

读书重在应用。陶行知在《陶行知全集》中特别强调读书和用书的关系，认为读了书要善于运用。他在《陶行知全集》中说："我们应当明白，书只是一种工具，和锯子、锄头是一样的性质，都是给人用的。我们与其说'读书'，不如说'用书'。书里有真知识和伪知识，读一辈子，不能辨别它的真伪的话，可以用它一下，书的本来面目便显了出来，真的使用得出去，伪的使用不出去。一般学校里所注重的知识，只是闻知，几乎以闻知概括一切知识。新知几乎完全被挥于门外。新知也被忽略，最多是些从闻知里推想出来的罢了。"

生活教育与教学做合一之总要求。"我们要活的书，不要死的书；要真的书，不要假的书；要动的书，不要死的书；要用的书，不要读的书。总起来说，我们要以生活为中心的教学做指导，不要以文字为中心的教科书。""书是一种工具，只可看，只可用，看也是为着用，为着解决问题，断不可以呆读。认清这一点，书是最好的东西，有好书，我们就受用无穷了。正是：用书如用刀，不书自需磨，呆磨不切菜，何以见婆婆。"

此外，陶行知认为不可尽信书，有不懂或怀疑处要多问、多钻研。孟子说："尽信书，则不如无书。"陶行知很赞赏这句话，并认为"在书里没有上过大当的人，决不能说出这一句话来"。

托尔斯泰
知人论书，感受文学作品

● 人物光影

列夫·托尔斯泰（1828—1910），19世俄国最伟大的作家，被列宁称为"俄国革命的镜子"。托尔斯泰出身于俄国名门贵族家庭，16岁时考入喀山大学东方系，后转入法律系。他对哲学、文学有浓厚的兴趣，喜爱卢梭的学说。曾在军队里服役两年半，参加过克里木战争中的塞瓦斯托波尔保卫战。这一时期，开始文学创作活动，并到西欧各地游历。托尔斯泰同情农民、厌恶农奴制度，不断探索俄国社会问题的解决方法。他的作品以1812年的战争为背景，表现了强烈的爱国主义精神，刻画了青年贵族在欧洲资产阶级革命大潮冲击下对社会与人生真谛的探索，反映了俄国废除农奴制后资本主义发展时期的社会现实，揭露了沙皇统治下官场的黑暗，同时表现出他不主张以暴力抗恶和自我修身的理想。主要著作有：《战争与和平》《安娜·卡列尼娜》《复活》。

托尔斯泰在艺术、教育、宗教、音乐等多个领域有一定的造诣并富有个性的见解。在读书上，他也有自己独到的见解和与众不同的方法。

知人论书，读文学作品，一定要注意作者的性格。托尔斯泰在1853年的日记中写道："读书，尤其是纯文学的书—要把主要的注意力放在该作品中所表现的作者的性格上。"和一般读者只关注文学作品中人物的性格不同，托尔斯泰强调在读文学作品时关注作者的性格表现，这就是我们通常所说的要知人论书。他所说的"作者的性格"不仅仅指作家本身的个性如何，同时也包括一个作家在文学上的表现风格或个性如何。据高尔基回忆："我总觉得（我相信我没错）托尔斯泰不大喜欢谈文学，可是对文学家个人却颇感兴趣。他常常问：'你认识他吗？他是个什么样的人？他出生在什么地方？'等诸如此类的问题，我时时能听到。他的论断几乎总是从某个特殊的方面揭示了一个人。"这正说明了托尔斯泰既关心文学作品中的人物性格，更关注"文学作品所表现出来的作者的性格"。

在诵读中感受或评判文学作品的好坏。托尔斯泰喜欢朗读文学作品。他在休息、闲暇或与友人聊天时，经常会动情地朗读起他所喜欢的一些文学作品，并常常因朗读而感动得掉下眼泪。他很喜欢契诃夫、普希金的小说，常常念于口中。一次，他对拉扎·列夫斯基说："契诃夫有几篇小说实在是妙不可言。您知道，我把我特别喜爱的关于他的小说都挑了出来，反复地读，兴趣盎然。"

有时候，托尔斯泰在朗读后还会对作品加以评说。他非常欣赏普希金的作品，直到生命的最后的时刻还经常朗读。据戈里顿维伊则尔回忆："列·尼以别人不可模仿的嗓音朗读《黑桃皇后》中伯爵夫人家那整整一个场面，还有托姆斯基的来访，等等。读完后，他又赞叹道：'有节制、准确、不显眼的手法，没有一处败笔，了不起！妙绝。'"

此外，托尔斯泰在阅读书籍之外，还喜欢与人谈论读书心得和交流思想，他认为这一点很重要，甚至说，"与人交谈一次，往往比多年闭门劳作更能启发心智。思想必定是在与人交往中产生"。他不迷信那些一等作家或是最低作家之类的划分，在他看来，"被划为第一等作家也有非常坏的东西，而被划为最低一等的作家反而有非常好的东西。因此，如果一个人相信了这种对作家划分等级的办法，相信了在一等作家那里一切皆好，在低等作家或不知名作家那里一切都差，那么在理解上他只会陷入歧途，并且失去许多富有教益性的和富有启发性的东西"。

小林多喜二
"推测式"读书法

● 人物光影

小林多喜二（1903—1933），日本无产阶级文学运动的领导人之一。别名乡利基、堀英之助、伊东继。生于日本北部秋田县一个贫穷村落的佃农家庭，从小参加劳动，过着半工半读的生活。小学毕业后，在伯父的资助下，才进入小樽高等商业学校。求学时期，热衷于文艺创作。主要著作有：小说《防雪林》《蟹工船》《沼尾村》《在外地主》《为党生活的人》，报告文学《一九二八年三月十五日》。

小林多喜二被誉为日本无产阶级文学奠基人之一，年仅30岁即为革命捐躯。他幼年家境清寒，是一位自学成才的革命作家。他在自学过程中运用的"推测式"读书法，给他的读书学习带来了许多益处。

"推测式"读书法，实际上是一种独特的四步阅读法：第一步是阅读——读有关材料，作推测准备；第二步是推测——推测问题，自找答案；第三步是核对——核对原书，找出异点；第四步是追究——分析异点，找出原因，追究作者为何这样写，这样写有何好处。

"推测"，一般是这样进行的：

读批判材料，推测如何批判。小林多喜二在阅读列宁的《无产阶级革命和叛徒考茨基》一书时，看到书中所引的批判材料后，就用一张稿纸把列宁对考茨基的批判部分遮住。看到的人都感到奇怪，他便解释说："我先想一想，然后再去看列宁的批语。"想定后，把结果与列宁的批语一对照，就发现好多不同之处。再细细思索：列宁为什么要那样批判？小林多喜二说："这样，我就更了解列宁的观点了。"

读题目，推测文章的内容和写法。看到一篇好文章的题目，小林多喜二先不忙着读正文，而是细细推测：如果我来写，该选些什么内容，怎样写；想完后，再阅读正文，把它与自己的推测做比较。在比较中看作家的初衷，学习他的技巧。这对训练写作的立意、选材和写作方法等都很有益处。

读篇首，推测文章的发展。无论是议论性文体或记叙性文体，小林多喜二都采用读前推测的方法。读了开篇第一节，就推测一下文章的发展：这议论文可能会怎样分层论述；这事情可能会怎样发展；这人物大概会有怎样的性格，会出现哪些事件，等等。经过这样的推测，不管有没有和作品的结论一致，对全文的理解在整体上是深刻得多了。因为通过推测、比较等几步思考，就更深刻地懂得了作者之所以这样写的缘由。

读正文，推测文章的结尾。好作品的结尾，常常是"意料之外，情理之中"。作家对结尾总是殚精竭虑，苦心经营的。所以，小林多喜二读完文章的主体部分后，便闭卷细想：假如我写结尾，根据上面的内容，应该怎样写？于是，设想几种方案，然后与原文核对，这就能看出作者结尾的高明之处。比较得多了，也就渐渐懂得文章结尾的写法了。

推测式阅读的核心是，自寻问题，自求解答，在核对原文的过程中学习。它利用问题激发积极思维，利用对比进行鉴别，这是符合人类学习知识的规律的。

杨振宁

渗透扩展阅读

● 人物光影

杨振宁（1922— ），美籍华人，国际著名物理学家。出生于中国安徽省合肥市。1938—1944 年，在中国西南联合大学物理系读书，先后获学士、硕士学位。1945年，赴美求学，毕业后任普林斯顿高级研究所研究员、普林斯顿大学教授。1956年，与李政道合作，共同提出弱相互作用中宇称不守恒原理，该原理促进了基本粒子物理研究的大发展，解决了当时高能物理中的疑难问题。因此，杨振宁、李政道同获1957年诺贝尔物理学奖。杨振宁同米尔斯博士创立了"杨—米尔斯规范场论"，与巴克斯特教授共同提出了"杨—巴克斯特方程"。1966年，任纽约州立大学石溪分校艾伯特·爱因斯坦讲座教授兼理论物理研究所所长。

杨振宁注重读书学习技巧，善于利用渗透性原理打破按部就班的常规，改变中国传统的"透彻法"学习方式。

强调多读参考书，扩大知识面。他认为，只要时间和精力许可，一般来说，读书越多，对学习越有好处。有些事物和学问并非一开始就能够弄懂或理解，但是只要持之以恒地学习，终会发现其中的奥秘。

在学习和研究上，不要死钻牛角尖。他认为，对于一个研究课题，经过长时间的钻研，如果仍然解答不了，不妨暂时搁一搁，换一个新的题目，在经过一段时间后，有了新的启发，原来解答不了的难题便可迎刃而解了。

合理运用"渗透性"学习法。他列举了两种学习方法，一种叫作"渗透性"，另一种叫作"按部就班"。知识是互相渗透和扩展的，知识的积累更是如此，它往往是在你似懂非懂中积累丰富起来的。掌握知识的方法也应该与此相适应。专心学习一门课程，或潜心钻研一个课题时，如果有意识地把智慧的触角伸向邻近的知识领域，必然别有一番意境。在那些熟悉的知识链条中，如果嵌接上不熟悉的新知识链条中的一环，则很可能得到意想不到的新发现。你看了一个东西不太懂，但多看几次后，就会不知不觉地吸收进去了。

渗透性学习的益处是，一可吸收更多的知识，二能对整个动态有所掌握，不是在小缝里一点一点地学习。一个做学问的人，除了学习知识外，还要有所追求，就像从事文学一样，每位诗人都有自己的风格。他在西南联大的7年，是他一生最重要的阶段，是他对整个物理学的判断确定研究方向的重要时期。要有独创的精神和独到的见解。他说，在具备了一定条件之后，就要敢于独立思考，提出自己的独特见解，避免苟同他人。1956年，杨振宁与西南联大的同学李政道长期合作共攻难关，推翻了被物理学界奉为金科玉律的"宇称守恒定律"，提出了在弱相互作用下宇称不守恒理论，并经著名美籍华人女科学家吴健雄证实。第二年年初，当哥伦比亚大学将此新理论公布于世时，石破天惊般地轰动了科技界和新闻界。《纽约时报》评论指出，物理学家们自信他们"至少已找到了一条走出当前宇宙丛林的途径"。

陈 垣
从目录学入手

● 人物光影

陈垣（1880—1971），中国著名历史学家，中国宗教史研究的开创者之一。出生于广东新会，早年在广州参加反清斗争。1907年，考取美国教会经办的博济医学院。1913年，留居北京，从事历史研究和教育工作。新中国成立后，为中国科学院哲学社会科学学部委员。陈垣一生撰写史学专著和论文近200篇。主要著作有：宗教史专著《释氏疑年录》《明季滇黔佛教考》《中国佛教史籍概论》《元也里可温考》《南宋初河北新大道教考》。

陈垣一生勤学不辍，在广泛阅读的基础上，逐渐由博到精，专攻佛、道、天主教等宗教史，取得创造性成就。陈垣坦言，这和自己的刻苦读书有直接关系。

1961年，陈垣在与北京师范大学历史系应届毕业生谈话中，介绍了自己的读书治学经验。

读书是自己摸索出来的，没有得到老师的指导，有两点经验，对研究和教书或许有些帮助：

一、从目录学入手，可以知道各书的大概情况。这就是涉猎，其中有大批的书可以"不求甚解"。

二、要专门读通一些书，这就是专精，也就是深入细致，"要求甚解"。《四库全书》中，经部如论、孟，史部如史、汉，子部如庄、荀，集部如韩、柳，清代史学家书如《日知录》《十驾斋养新录》等，必须有几部是自己全部过目常翻阅的书。一部《论语》才13 700字，一部《孟子》也才35 400字，都不够一张报纸字多，可见我们专门读通一些书也并不难。这就是有博、有约，有涉猎、有专精，在广泛的历史知识的基础上，又对某些书下一些功夫，才能做进一步的研究。

我们研究历史学科，需要知道的知识幅度很大，要了解古今中外，还要有自己较专门的学问。如果样样都去深钻，势必由于时间、精力有限，反使得样样都不能深、不能透。但是也不能只有专精，孤立地去钻研自己的专业，连一般的基础知识都不去注意，没有广泛丰富的知识，专业的钻研也将受到影响。学习历史也是如此，中国不是孤立于世界之外的，不了解世界历史，学中国史就必然受到限制，就不能很好地懂得中国。研究宋史，不知道整个中国历史发展过程，则宋史也学不通。研究任何朝代的断代史，都不能没有通史的知识作基础，也不能没有其他必要的各方面的知识。

不管学什么专业，不博就不能全面，对这个专业阅读的范围不广，就很像以管窥天，往往会造成孤陋寡闻，得出片面偏狭的结论。只有得到了宽广的专业知识，才能融会贯通，举一反三，全面解决问题。不专则样样不深，不能得到学问的精华，就很难攀登到这门科学的顶峰，更不要说超过前人了。博和专是辩证的统一，是相辅相成的，二者要很好地结合，在广博的基础上才能求得专精，在专精的钻研中又能扩大自己的知识面。

中国历史资料丰富，浩如烟海，研究的人，不可能也不必要把所有的书都看完，但不能不知道书的概况。有些书只知道书名和作者就可以了，有些书要知道简单的内容，有些书则要认真钻研，有些书甚至要背诵，这就是有的要涉猎、有的要专精。世界上的书多得很，不能都求甚解，但是要在某一专业上有所成就，也一定要有"必求甚解"的书。

陈垣先生对大学生的一番推心置腹之谈正是他读书论学的真实写照。他自己摸索的读书方法不只对刚出校门的学子有所启发，同时值得每一个人去借鉴。作为一位著述丰厚的史学家，他并没有囿于对史料知识的学习，而是进行多方面的涉猎，这无疑是正确的。除此，他建议学生们从目录入手，系统地把握史学脉络，方法切实可行。另外，他勉励学生要练好扎实的基本功，并做到脑勤、手勤、笔勤，这些读书的切身体会为我们提供了宝贵的经验。

邓 肯

艺术灵魂来自阅读

● 人物光影

邓肯（1878—1927），美国现代最伟大的舞蹈家，舞蹈艺术的革新者，现代舞蹈的先驱。出生于美国旧金山，父亲是诗人，母亲是乐师。邓肯从小受家庭熏陶，热爱戏剧。她用舞蹈来表现音乐的旋律、诗歌的意蕴和自然的风韵。邓肯反对传统的芭蕾舞，认为芭蕾舞不是"真正的舞蹈"。她的舞蹈理论——"最自由的身体蕴藏最高的智慧"，深受柏拉图、尼采、卢梭和惠特曼等人美学思想的影响。她开创的现代舞具有与传统芭蕾迥然不同的豪放风格，在欧美红极一时，千千万万的观众为她倾倒。因此，她被誉为"一代舞后"和"现代舞之母"。

邓肯是天才的舞蹈家，在她看来，学习和阅读是跳舞的支撑，为其提供艺术灵感，丰富艺术修养。

文学书籍使她获得艺术灵感。邓肯从小就不喜欢死记硬背式的学习方法。她的母亲是一位音乐教师，到了晚上就会给孩子们演奏贝多芬、舒曼、舒伯特、莫扎特、肖邦等作曲家的作品，或是给他们大声朗读莎士比亚、雪莱、济慈或彭斯等人的文学作品。这些使孩子们像着了魔一般，也培养了邓肯对文学与音乐的热爱。

邓肯16岁时，她的母亲办了一所舞蹈学校，邓肯认为自己在学校读书没有前途，家中经济又十分拮据，便主动提出辍学，以教授舞蹈挣钱养家。但是，辍学之后的邓肯并没有忘记书籍，仍然保持着对文学作品的喜爱。当时她住在奥克兰，那有一个小公共图书馆，她总是跑着、跳着来往于住所和图书馆之间。图书管理员是一位可爱又漂亮的女诗人，她积极鼓励邓肯学习文学。

后来，邓肯走出美国。在周游英国伦敦、法国巴黎、德国柏林的日子里，每到一处，几乎都是与当地的文学家、诗人和画家们相接触，听他们朗读散文和诗歌。例如，在法国，她就曾听作家安德烈·博尼耶读莫里哀、福楼拜、莫泊桑的作品，使她在舞蹈中获得不少灵感。

哲学著作给她舞蹈创作启示。文学与舞蹈有较密切的关系，邓肯从文学作品中获得舞蹈的灵感，进而对舞蹈艺术有更深层次的理解。邓肯在广泛阅读文学作品的同时，也读过不少哲学家的论著，如德国哲学家叔本华的著作。在巴黎演出的一段时间里，邓肯在参观和交际之余，将很大的精力放在阅读上。她全身心地扑在所有与舞蹈艺术有关的书籍上，包括从古老的埃及艺术到现代艺术。她把读过的所有书籍都写成心得，记在笔记本里。可是，当完成记述整理之后，邓肯发现自己心目中的舞蹈大师只有让·雅克·卢梭、沃尔特·惠特曼和尼采。研读了古今那么多有关舞蹈艺术的书籍，心目中的舞蹈大师竟是两位哲学家和一位诗人，这是一件多么神奇的事！也就是说，两位哲学家和一位诗人对邓肯的舞蹈创作给予更多的启示和灵感，比那些舞蹈家们还要多。由此可见，哲学在邓肯的舞蹈生涯和创作灵感上曾起过多么重要的作用。

"每个人都有精神上的追求，这是一条向上的曲线。而被连在这条曲线上，又支撑着它的，其实是真实的日常生活，其余的都只是一些无关痛痒的琐事。对我而言，我的精神追求，我向上的一切动力，皆来自我的读书艺术。"可以说，音乐、文学和哲学，与邓肯的舞蹈艺术和舞蹈事业始终是连为一体的，这也是阅读给她的舞蹈艺术带来的教益。

丰子恺

学外语的"笨法子"

● 人物光影

丰子恺（1898—1975），中国现代画家、散文家、美术教育家、音乐教育家、翻译家，一位卓有成就的文艺大师。原名丰润，浙江桐乡石门镇人。20世纪20年代，丰子恺的著作首次得到出版，其作品除一部分艺术评论外，大都是叙述亲身经历的事件和日常接触人物。他的散文，在我国新文学史上有较大的影响。主要著作有：《艺术概论》《音乐入门》《西洋名画巡礼》《缘缘堂随笔》《缘缘堂再笔》《随笔二十篇》《甘美的回忆》《艺术趣味》《率真集》。

读书可以说是丰子恺的终生爱好，他虽然以绘画著称于世，却始终与书为伴，更为可贵的是，他也是自学成才。他在《我的苦学经验》中曾感慨地说："你们也许以为我的读书生活是幸运而快乐的，其实不然，我的读书是很苦的。你们都是正式求学，正式求学可以堂堂皇皇地读书，这才是幸运而快乐的，但我是非正式求学，我只能利用教课的余暇而偷偷地读书。"他还十分诚恳地说："在我，只有诗歌、小说、文艺，可以闲坐在草上花下或偃卧在床铺上阅读。要我读外国书或知识学科的书，我必须用笨功。"

"单语"学习。他所说的"单语"，就是我们现在所说的"单词"和生字。在他看来，"'单语'是一个国语的根底，任凭你何等的聪明，不记单语是绝不能读外文书的，学生们对于学科要求伴着趣味，但谙记生字极少有趣味可伴，只得劳你费点心了。"他的办法是把所有的生字写成纸牌，放在小匣子里，每天拿出来记诵一遍。然后把已经熟记掌握的纸牌抽出放在一边，未记熟的放在另一边，以便明天再记诵，直到全部记住，才开始读书，顿觉痛快流畅，趣味甚足。

"文法"学习。丰子恺学外语的"文法"，方法也很特别，他自称为"笨法子"。他坦率地说："我不读文法教科书，我的机械的方法是'对读'。"所谓对读，就是拿一本英文经典著作和中文版的并列在书桌上，一句一句地对读。不仅经典著作，即使是其他的英文译文和著名译本，他也常拿来对读。长期坚持，即能"积起经验来，便可实际理解英文的构造和各种词句的腔调"。不过，丰子恺还提醒道："对读书的态度当然要非常认真，须一句一字地对斟，不理解的地方不可轻松通过，必须明白了全句的组织，然后前进。我相信认真地对读几部名著，其功效足可抵得学校中数年的英文教科书。"

"会话"学习。丰子恺所说的"会话"，就是关于外语对话中语音语调的学习。由于当时不像现在有录音带，他也没到过国外，还缺少与外国人共处的语言环境，只能全靠自己摸索。于是，他所采取的唯一的办法就是"熟读"。如何熟读？用他自己的话，具体操作是："我选定了一册良好而完整的会话书，每日熟读一课，超期读完。熟读的办法更笨，说来也许要惹人笑。我每天自己上一课新书，规定读10遍。计算遍数，用选举开票的方法，每读一遍，用铅笔在书的下端画一笔，便凑成一个字；不过所凑成的不是选举开票用的'正'字，而是一个'读（讀）'字……'读（讀）'字共有22笔，故每课共读22遍，即生书读10遍，然后第二天温5遍，第三天又温5遍，第四天再温两遍。故我的旧书中，都有铅笔画成的'读（讀）'字，每课下面有一个完整的'读（讀）'字，即表示已经熟读了。这办法有些好处，分4天温习，屡次反复，容易读熟。"在不具备外语会话的条件下自学外语，他的这种笨法子不失为有效的会话方法。

高尔基

阅读打开未知世界的窗户

● 人物光影

　　高尔基（1868—1936），苏联伟大的无产阶级作家，无产阶级艺术最伟大的代表者，社会主义、现实主义文学奠基人，无产阶级革命文学导师，苏联文学的创始人。高尔基出生于伏尔加河畔的诺夫戈罗德城（今高尔基城），童年和少年时代是在底层度过的。人间的苦难、生活的辛酸，磨炼了他的斗志。在繁重劳动之余，他勤奋自强不息。对社会底层人民痛苦生活的体验和深切了解，成为他创作中永不枯竭的源泉。主要著作有：浪漫主义短篇《伊则吉尔老婆子》《鹰之歌》《切尔卡什》，散文诗《海燕》，剧本《小市民》《在底层》，小说《母亲》，自传体三部曲《童年》《在人间》《我的大学》，长篇史诗《克里姆·萨姆金的一生》。

　　由于高尔基自幼家境贫寒，无法受到良好的教育，全靠书籍引导他认识人生并走上人生的道路，因而他对书籍一直怀有深厚的感情，将书视为人生道路上的良师益友，对书籍产生了一种感激和赞美之情。"差不多任何一本书都告诉我许多我所不知道的和未曾见过的人物、感情、思想和关系等，好像在我眼前打开一扇通向未知世界的窗子"。

从阅读中区分书的好坏。通常人们所说的好与坏，也就是对青年人是否有帮助。高尔基因早年生活困顿，四处流浪，没有一个固定的图书馆供他选择，而是拿到什么书就读什么书，包括一般人眼中不宜读的书。他自己曾说："我读过无数的坏书，但是这些书对于我也有益处。我们应该好好地和正确地知道生活中不好的东西，正像知道好的东西一样。应该尽可能地知道更多一些。经验愈是多样化，那么经验也愈加能帮助人，而一个人的眼界也就愈加广阔。"这与不少作家和学者都根据自己的经验和眼光来教人们读什么书、不读什么书，有很大的不同，可以说是高尔基读书上的一大特色。

以向他人学习的态度来读书。有些人读书眼高手低，有些人则爱挑毛病，而有些人出于个人的偏爱和私好，追求某一流派和类别，因而失之偏颇，难有客观的评论。高尔基对各种文学流派和思想学派都加以阅读和观察，并本着学习的态度，吸收对自己有用的知识。"我个人是毕生向别人学习，而且是继续学习的。我曾向莎士比亚、塞万提斯、阿佛古斯特·倍倍尔、俾斯麦、列夫·托尔斯泰、列宁、叔本华、密茨尼科夫、福楼拜、达尔文、司汤达、黑格尔学习，我曾向马克思学习，也向《圣经》学习，我曾向无政府主义者克鲁泡特金、斯蒂涅、宗教的领袖们、民间文学、木匠、牧人、工厂工人和成千上万的人学习。"

读书体会要回到生活中检验。由于高尔基长期生活于社会底层，经历丰富，深知生活本身的重要性，因而他一边重视读书，一边也重视生活，并主张对读过的书最好再回到生活中去检验，看看哪些是正确的和有用的，哪些是错误和无用的，这样对文学创作也是一种检验。"读过书之后，我自己感觉到头脑充实了起来，就像满满地充溢着生命之水的容器一样。于是，我就到值班卫兵或泥土工人那里去，绘声绘色地对他们讲各种各样的故事，在他们面前尝试着描写。"

对高尔基而言，没有知识是根本不能成为作家的。这里的知识包括书本和生活两部分，缺一不可。如果将书本上得来的知识和启发运用到生活中，就会达到更好的效果。

胡 适
读书"四到"

● 人物光影

　　胡适（1891—1962），中国现代著名学者、诗人、历史学家、文学家、哲学家，因提倡文学革命而成为新文化运动的领袖之一。原名嗣穈，字希疆，后改名胡适，字适之，笔名天风、藏晖。1910年，作为第二期官费生赴美国康奈尔大学读农科，后改读文科。1914年，前往哥伦比亚大学攻读哲学，师从哲学家约翰·杜威。胡适兴趣广泛，在文学、哲学、史学、考据学、教育学、伦理学、红学等诸多领域均有所研究。主要著作有：《中国哲学史大纲》《尝试集》《胡适文存》《戴东赢的哲学》《白话文学史》《胡适文选》《胡适论学近著》《四十自述》《藏晖室札记》《胡适日记》《先秦名学史》，译著《哀希腊》（拜仑的长诗）、《娜拉》（与罗家伦合译的易卜生的剧本）。

　　胡适曾说，小时候读书，每位同学几乎都有一书签，上写十字，"读书三到：眼到，口到，心到"。他在1925年仍认为这三种方法并不过时，依然有效，并认为"读书三到是不够的，须有四到"。所谓四到，即"眼到、口到、心到、手到"。

　　眼到。胡适所谓的眼到，用我们现在的话来说，就是要看。用他的话来说，就是"要个个字认得，不可随便放过"。他说："这句话起初看去似乎很容易，其实很不容易……书是文字做成的，不肯仔细认字，就不必读书。"并强调："眼到对于读书的关系很大，一时眼不到，贻害很大，而眼到则能形成好的习惯，养成不苟且的人格。"

　　口到。胡适所说的口到，用我们现在的话来说，就是要开口、要朗读、要多思。用他的话来说，则是有的要背，有的要读，有的要熟读。胡适在这方面的议论非常精彩而具体，他认为："口到是一句一句要念出来。前人说口到，是要念到烂熟背得出来。我们现在虽不提倡背书，但有几类的书，仍旧有熟读的必要，如心爱的诗歌，如精彩的文章，熟读多些，于自己的作品也有良好的影响。读此外的书，虽不需念熟，也要一句一句念出来，中国书如此，外国书更要如此。念书的功用能使我们格外明了每一句的构造，句中各部分的关系。往往一遍念不通，要念两遍以上，方才能明白的。读好的小说尚且要如此，何况读关于思想学问的书呢？"

心到。胡适解释说："心到是理解每章每句每字意义如何，何以如是这样，需用心考究。"用古代的话来说，要会思，学会思考；用现在的话来说，就是要用心，要开动脑筋，会想问题。胡适还说："心到并不是叫人枯坐冥想，而是要靠外在的设备及内在的思想的帮助。"这需要几个条件：一要有字典、辞典、参考书等工具书，尽量完备，即使一时办不到，也应当到图书馆去找；二要做文法上的分析，他认为，"要懂得文法构造，方才懂得它的意义"；三要有比较参考，必要时需融会贯通。胡适认为，只有做到以上三点，方能说明做到"心到"。

手到。这是胡适根据自己的体会添加进去的一个具体方法，用他的话来说，"手到就是要劳动劳动你的贵手。读书单靠眼到、口到、心到，还不够的，必须还得自己动动手，才有所得"。他还对"手到"的操作做了几点提示：标点分段，是要动手的；翻查字典及参考书，是要动手的；做读书札记，是要动手的。

胡适还就"手到"的问题提醒大家，"无论是看书来的，或是听讲来的，都只是模糊零碎，都算不得我们自己的东西。自己必须做一番手脚，或做提要，或做说明，或做讨论，自己重新组织过、申述过，用自己的语言记述过，那种知识思想方才可算是你自己的了"。

梁启超
重要文字可摘抄下来

● 人物光影

梁启超（1873—1929），中国近代维新派代表人物，中国近代史上著名的政治活动家、启蒙思想家、教育家、史学家和文学家，戊戌维新运动领袖之一。字卓如，号任公，又号饮冰室主人、饮冰子、哀时客、中国之新民、自由斋主人等，广东新会人。主要著作有：《中国历史研究法》《中国近三百年学术史》《新民说》《饮冰室主人自说》《中国文化史》《饮冰室主人全集》《李鸿章传》《曾国藩传》。

养成每日读书习惯，最好精读与浏览相间。梁启超一向主张读书有精读、浏览之分，有些宜精读，有些则不必精读，宜浏览。这个方法几乎贯穿在他所有的读书经验和相关介绍文章之中。他在《治国学杂话》一文中说："每日所读之书，最好分两类，一类是精读的，一类是浏览的，因为我们一面要养成读书心细的习惯，一面要养成读书眼快的习惯，心不细则毫无所得，等于白读，眼不快则时候不够用，不能博搜资料。诸经、诸子、四史、《通鉴》等书，宜入精读之部，每日指定某时刻读它，读时一字不放过……另外指出一时刻，随意涉览，觉得有趣，注意细看；学得无趣，便翻次页。"

读书时遇有重要文字，可摘抄下来。梁启超说："大抵凡一个大学者平日用功，总是有无数小册子或单纸片。读书看见一段资料，觉其有用者即刻抄下。"当然，他也承认，"这种工作，笨是笨极了，苦是苦极了，但真正做学问的人，总离不了这条路"。

在梁启超看来，抄资料是研究发明的必要前提，正像研究动物学或植物学的人，不采集标本怎么行呢？因此，他主张并鼓励读书时注意抄录和搜集资料，他说："发明的最初动机在注意，抄书便是促醒注意及继续保存注意的最好方法。当读一书时，忽然感觉这一段资料可注意，把它抄下，这件资料，自然有一微微的印象映入脑中，和滑眼看过不同。经过这一番后，过些时碰着第二个资料和这个有关系的，又把它抄下，那注意便加浓一度。经过几次之后，每翻一书，遇有这项资料，便活跃在纸上，不必劳神费力去找了，这是我多年经验得来的实况，诸君试拿一年工夫去试试。"

课堂教学之外，最好读点课外书。梁启超很重视学生的课外阅读。他在《治国学杂话》的开篇中说："学生做课外学问是最必要的，若只求讲堂上功课及格，便算完事，那么你进学校，只是求文凭，并不是求学问，你的人格，先已不可问了。"当然，他也承认，课外学问，不一定专指读书，如试验、观察自然等，都是极好的方法，"但读课外书，最少要算课外学问的主要部分"。

中国书、外国书都得读。梁启超认为，"读书自然不限于读中国书，但中国人对于中国书，最少也该和外国书作平等待遇，你这样待遇它，它给回你的愉快报酬，最少也和读外国书所得的有同等分量"。

梁实秋
随缘读书

● 人物光影

梁实秋（1903—1987），中国著名的散文家、学者、文学批评家、翻译家，我国第一位研究莎士比亚的权威。原名梁治华，字实秋，号均默，笔名子佳、秋郎，程淑，出生于北京。1923年，毕业后赴美留学，1926年，回国任教于南京东南大学。1930年，任山东大学外文系主任兼图书馆长。1934年，任北京大学研究教授兼外文系主任。1935年秋，创办《自由评论》，先后主编《世界日报》副刊《学文》和《北平晨报》副刊《文艺》。抗战后，任北京师范大学教授。主要著作有：散文《雅舍小品》，译著《莎士比亚全集》，专著《英国文学史》。

读书如交友，也靠缘分。梁实秋一生涉猎古今中外名著，读书极为广博，谙熟中国文学和历史，精研佛经禅学，同时又是英国文学史专家。他在《影响我的几本书》中写道："读书如交友，也靠缘分，吾人有缘接触的书各有不同。我读书不多，有缘接触了几部难忘的书，有如良师益友，获益匪浅。"他自述受益最大的8部书是：《水浒传》《胡适文存》，白璧德的《卢梭与浪漫主义》，叔本华的《隽语与箴言》，斯陶达的《对文明的反叛》《六祖坛经》，卡赖尔的《英雄与英雄崇拜》和奥瑞利斯的《沉思录》。

读书强调情趣。梁实秋认为，读书要强调情趣，不必矻矻于功名利禄，无须孜孜于富贵荣华，但求内心的丰盈和适意。他讨厌"书中自有黄金屋、书中自有颜如玉"的"劝学文"，主张读书尚友古人，才不失雅人深致。他在《书》一文中抒写了读书的乐趣："古圣先贤，成群的名世的作家，一年四季地排起队来立在书架上面等候你来点唤，呼之即来挥之即去。行吟泽畔的屈大夫，一邀就到；饭颗山头的李白、杜甫也会联袂而来；想看外国戏，环球剧院的拿手好戏都随时承接堂会；亚里士多德可以把他逍遥廊下的讲词对你重述一遍。这真是读书乐。"

在书房里读书。梁实秋在《雅舍小品》中对书房的布置与用途颇为务实。他认为，"一个正常的良好的人家，每个孩子应该拥有一张书桌，主人应该拥有一间书房。书房的用途是收藏图书并可读书写作于其间，不是用以公开展览借以骄人的……书房不在大，亦不在设备佳，适合自己的需要便是。局促在几尺宽的走廊一角，只要放得下一张书桌，依然可以作为一个读书写作的工厂，大量出货。光线要好，空气要流通……书房的大小好坏，和一个读书写作的成绩之多少高低，往往不成正比例。有好多著名作品是在监狱里写的"。

读书要注重时效。梁实秋认为，行万里路不如读万卷书，尤其是年轻时机缘稍纵即逝，务必好好把握读书的时效。根据梁实秋的读书经验，读书一定要有计量，要注重读书的纪律。他年轻的时候，读书是看兴趣而定，什么书热门就读什么，漫无目标，毫无章法。等到毕业后需要学以致用，才发现根基不深，该读的书都没有读到。所以，梁实秋特别叮嘱，老师指定的书才是基本知识的宝库，千万不可偏废。

同时，梁实秋注重安排读书时间，采取分段读书法。他认为，一本好的书不一定要马不停蹄地一口气读完，每天固定抽出一段时间来看，固定速度，固定页数，持之以恒，慢慢领悟书中含意，收获更多。

梁章钜
"精熟一部"读书法

● 人物光影

梁章钜（1775—1849），中国清代晚期著名文学家，擅于作诗，精于鉴别金石书画，勤于笔记，长于考订史料。字茝中、闳林，号茝邻，晚年自号退庵，祖籍长乐，后迁居福州。

生长在"书香世业"之家，"幼而颖悟"，4岁从母开蒙读书，9岁能诗，博览群书，立志著作，20岁中举人。清嘉庆年间，时28岁入进士。他编著的《楹联续话》《楹联三话》《巧对录》等系列书籍，创立了联话文体，保存了历代资料，首建了分类体系，开创了我国楹联史的先河。《楹联丛话》是我国第一部系统研究楹联的著作，在我国楹联史上占有重要地位。梁章钜一生著作颇丰，有70余种刊行于世。他精于楹联创作，有数十副题署、酬赠、庆挽联流传于世。主要著作有：《枢垣纪略》《退庵随笔》《文选旁证》《归田琐记》《浪迹丛谈》。

清代著名文学家梁章钜身处书香门第，平生手不释卷，采用的是"精熟一部"读书法。

"不拘大书小书，能将这部烂熟，字字解得道理透明，此一部便是根，可以触悟他书。如领兵10万，一样看待，便不得一兵之力；如交朋友，全无亲疏厚薄，便不得一友之助。领兵必有几百亲丁死士；交友必有一二意气肝胆，便此外皆可得用。何也？我所亲者又有所亲，两类相感，无不通彻。"梁章钜的这一段话，正道出了他"精熟一部"读书法的精髓。由这一段话，我们可以得知他的"精熟一部"读书法可分三大类。

植"根"于胸。选择一部好书，"将这部烂熟，字字解得道理透明，此一部便是根"。如何植"根"呢？"根"要选得准，选得精。要仔细挑选最适合自己水平的高质量的一两本书来读，一定要做到少而精。如果选书不准不精，即便读得烂熟，"根"也不稳。选准以后，要把它读得烂熟，对其内容要能了如指掌，那些重要或精彩的片段甚至要能熟读成诵。要透彻理解书本的内容，真正做到"解得道理透明"，并在求取"透明"的过程中，切实把握书本的显著特点和获得成功的主要原因，从而形成自己进一步研读别的著作的"根"。

"触悟他书"。精熟一部，以此为"根"，这是梁章钜读书法特色之所在，它无疑是至关重要的，但如果仅限于一部，此"根"又有何用？所以，紧接着还是要"触悟他书"，要抽"枝"长"叶"，以使"根"部吸足的养分发挥它应有的作用。所谓"触悟他书"，就是要将自己在"精熟一部"时所形成的读书方法、所掌握的谋篇规律、所领会的表达技巧、所积累的知识储备，来一个举一反三、触类旁通的灵巧运用，以便事半功倍，对要读的"他书"获得既快捷又准确的理解。

"无不通彻"。有了"精熟一部"的根基，有了"触悟他书"的经验，底子厚了，见识高了，岂不就能驾轻就熟，一通百通，步入博览群书、"无不通彻"的境界了吗。而一旦步入这样的境界，也就根基稳固，枝繁叶茂，有如那郁郁葱葱的参天大树一样充满无限生机了。

卢　梭
在自然环境中享受读书

● 人物光影

让·雅各·卢梭（1712—1778），法国著名启蒙思想家、哲学家、教育家、文学家，18世纪法国大革命的思想先驱，启蒙运动最卓越的代表人物之一。他认为，一切权利属于人民，政府和官吏是人民委任的，人民有权委任他们，也有权撤换他们，直至消灭奴役、压迫人民的统治者。主要著作有：《论人类不平等的起源和基础》《社会契约论》《爱弥儿》《忏悔录》。

卢梭家境贫寒，从小流浪，全靠自学和一些朋友的帮助，才使他博览群书、知识渊博，成为法国文学界和思想界的巨人。他的读书方法和生活也与众不同。

在露天的自然环境中享受读书。卢梭早年身体虚弱，所以每到下午，他因不适应关在屋子里读书，干脆到院子里或田园里看书。不论是到鸽棚、菜园、果园还是葡萄园，他总是随身携带着书本，干活累了，就坐下来读一会儿，效果比在屋里还好。他后来回忆说："我自由自在、毫无拘束、不费心思地看一些书。"这种独特的读书方法和读书环境，是学校和图书馆里的学子们难以领略到的。

先接受书中的观点，再对众书加以比较和选择。卢梭说："我每读一位作者的著作时，就拿定主意，完全接受并遵从作者本人的思想，既不掺入我自己或他人的见解，也不和作者争论。我是这样想的：先在我的头脑中储存一些思想，不管是正确的还是错误的，只要论点明确就行，等我的头脑已经装得相当满以后，再加以比较和选择。我知道这个方法并不是没有缺点的，但作为灌输知识的手段来说，这个方法倒是很成功的。"

有好几年的时间，卢梭就是用这种方法阅读，等各种知识观点装满，在"旅行或办事而不能阅读书籍的时候，就在脑子里复习和比较读过的书籍，用理智的天平来判断每一个问题，有时也对老师们的见解做一些批判"。这个方法很灵验。后来，他曾深有体会地说："我的能力虽然很差，但我之所以还能有些进步，应当完全归功于这个方法。"

读书不在多，而在多思考。卢梭早年在德·古丰伯爵家里当仆人。伯爵的小儿子古丰神父很喜欢他。古丰神父教卢梭学习和读书。卢梭在古丰神父家中阅读了英国散文作家艾迪生编的《旁观者》、伏尔泰的《拉·亨利亚德》等书籍。古丰神父教他读书的方法是"读书不要贪多，而是要多加思考"。卢梭遵照他的方法读了不少书，这样的读书方法使他获益不少。后来，卢梭还曾弄到一本拉密神父撰写的《科学杂谈》，认认真真地"反复读了上百遍"，收到了很好的效果。

各类书籍交替阅读。和许多人一样，卢梭在读书上也遇到记不住、不能长时间集中精力、用功时间稍长就会感到疲劳这样的问题。"甚至我不能一连半小时集中精力于一个问题上……如果我必须用心去读一位作家的著作，刚读几页，我的精神就会涣散，并且立即陷入迷惘状态，即使我坚持下去，也是白费，结果是头晕眼花，什么也看不懂了"。针对这一情况，他将每本书略看一会儿，等注意力要分散时，便换另外一本书或换另外一个问题加以思考。这样，即使毫不间断地阅读和思考，也不会感到疲倦和精力分散。因此，卢梭就充分利用自己发现的这一特点，对一些问题交替研究，甚至一整天用功也不觉得疲劳。

鲁 迅
随便翻的学问

● 人物光影

　　鲁迅（1881—1936），中国现代伟大的文学家、思想家、革命家。原名周树人，字豫才，浙江绍兴人。"鲁迅"是他1918年发表我国现代文学史上第一篇白话小说《狂人日记》时所用的笔名。 主要著作有：小说集《呐喊》《彷徨》《故事新编》，散文集《朝花夕拾》（原名《旧事重提》）、《野草》，杂文集《坟》《热风》《华盖集》《华盖集续编》《南腔北调集》《三闲集》《二心集》《而已集》《且介亭杂文》。

　　大家都知道鲁迅博览群书，学识渊博，古今中外，无所不通，特别是他的杂文，什么都谈，有百科全书之称。这成就的取得，自然与他的读书学习有关。许广平说鲁迅从小记忆力就特强，善背书，这只说明了鲁迅读书的一个方面。其实，鲁迅在创作、治学、教育的道路上，早已形成了一套特有的读书方法。约略说来，主要有以下几点。

　　文、理科的书，专业内、专业外的书要互看。1927年夏，鲁迅在广州知和中学的一次题为《读书杂谈》的讲演中，曾把人们通常所说的书分为两种，"一种是职业的读书，一种是嗜好的读书"。他解释道："所谓职业的读书人，譬如学生因为升学、教员因为要讲功课，而翻翻书。"但职业的书，不管你喜欢不喜欢，总得读，"否则，不能毕业，不能升学，和将来的生计便有妨碍了"。"所谓嗜好的读书，那是出于自愿，全不勉强，离开了利害关系的"。就如爱打牌一样，天天爱读，手不释卷。鲁迅认为，青年人可以在学习专业、阅读职业书籍以外，看些其他书，他说："我现在是说，爱看书的青年，大可以看看本分以外的书，即课外的书，不要只将课内的书抱住……即使和本业毫不相干的，也要泛览。譬如学理科的，偏看看文学书；学文学的，偏看看科学书，看看别人在那里研究的，究竟是怎么一回事。这样子，对于别人、别事，可以有更深的了解。"

　　养成"随便翻翻"的读书习惯。有些朋友与鲁迅闲谈之后，都认为他读书很多。其实，他也不过是随手翻翻，并未细读。由此，他专门写了一篇《随便翻翻》的文章，介绍了自己"随便翻翻"的读书方法及其好处。所谓"随便翻翻"，主要是指一些消闲的书。在鲁迅看来，专业的书籍看累了，或在其他工作疲劳之余，可以看些消闲的书。对于这些书，大可不必像孔子所说的"温故而知新"，也不必像朱熹所说的"当循序而有常"，而完全可以自由一些，想看多少就看多少，中间开花，本末倒置，一目十行，哪怕翻个目录看一下扔掉，再换一本，都可以。

总之，没人来管你，你想怎么看就怎么看，随心所欲，全凭自己兴趣。鲁迅的这个"随便翻翻"的主张，与马克思利用休闲时间来读文学作品和解析数学的消遣方法差不多，都是以一种读书的形式来进行休息和调整大脑，这样既可获得新知识，又得以消闲，不累人，是一举两得的好办法。

可先泛览、后选择的读书办法。这一点，他在《读书杂谈》中说得很明白："总之，我的意思是很简单的，我们自动地读书，即嗜好地读书，请教别人是大抵无用，只好先行泛览，然后选择而入于自己所爱的较专的一门或几门……"意思是说，如果你要选择你所喜爱的专业或学科，根本不必去请教别人，即使请教了也无用，完全可以自己先广泛浏览，然后在广泛阅读的基础上，再选择自己所喜爱的一门或几门课程。这种读书方法和专业选择，似乎也有一定的合理性。历来的学者，如中国的朱熹、外国的塞涅卡，几乎都主张学生开始学习时读书不要太滥太宽，贪多求博并无好处，应该专攻一样，在专的基础上再求广博，等等。这样的主张在今天也常能听到，但鲁迅的主张却恰好相反，他认为完全可以先泛览，在泛览的基础上再做出选择。

吕思勉
一本书应从头至尾读完

● 人物光影

吕思勉（1884—1957），中国现代著名历史学家，和陈垣、陈寅恪、钱穆一起被推重为现代史学四大家。早年执教于常州溪山小学堂、常州府申学堂。1926年，长期执教于光华大学。新中国成立后，为华东师范大学历史系一级教授。他读书广博，重视综合研究，讲究融会贯通，一生著有两部中国通史、4部断代史、5部专门史，加上在史学界享有盛誉的大量史学札记，共计1 000余万字。主要著作有：《先秦史》《秦汉史》《两晋南北朝史》《隋唐五代史》《中国民族史》《先秦学术概论》《中国文字变迁考》《理学纲要》《中国制度史》《白话本国史》《吕著中国通史》《吕思勉读史札记》。

吕思勉在学术界颇有影响，他如此博学而有成就，除了家庭的熏染和父母的指教以外，与他本人合理有效的读书方法有一定关系。

读书必须从头至尾读完的习惯。吕思勉出身书香门第，自小就有良好的读书环境。据他回忆，当他刚能识字读书时，父亲就教他读《四库全书总目提要》；稍大一点，又教他读顾炎武的《日知录》、赵翼的《二十二史札记》，另外还有《经世文编》等；母亲则为他讲《纲鉴正史约编》。但是，他自己也承认，当时只是泛泛而读，仅仅知道了一些学科概况，"集部仅读其半耳"。不过，从16岁开始，他一改旧习，养成了认真读书并总是将一本书全部读完的习惯，他说："至16岁，始能认真读书；每读一书，皆自首讫尾；此时自读正续《通鉴》及《明纪》。"

以后，他又爱好读报，也是善始善终。正是由于他自少年起就养成读书必"自首讫尾"的习惯，而且认真通读，才对他的治学根底打下了结实的基础。中国的《二十四史》卷帙浩繁，很少有人通读一遍的，而吕思勉却通读了7遍，每次都有新的体会，并总有所得和一些新的发现。

读书必须专一，确定主攻方向。吕思勉虽然家学渊源，但他年轻时，与现在的许多青年人一样，也学过许多新东西，有过各种兴趣爱好。就读书求学来说，他就对经济、科技、水利工程、军事、政治等学科先后有过兴趣，经他最后权衡，想到小时候所读的各种史书，而且也喜欢考证，所以决定专攻历史学科。他回忆道："初从水利工程悟入，后推诸军事，尤见为然，又子论政治利弊，好从发展上推求其所以然，亦且性好考证，故逐渐走入史学一路。自23岁以后，即专意治史矣。"

有了这一定位以后，吕思勉后来读书，便有了一个主攻方向，即使读其他书，也为他的史学研究服务。由于历史涉及范围广，他所读过的经学、文学诸书，均在研究范围内派上用场。研究历史必定会涉及当时的政治、经济、军事、科技等领域，因而他青年时对这些学科所发生的兴趣，也派上了用场，没有白学。因为任何一个学科，总要有其他学科和知识的相辅助才更完善，否则就无法深入。

主张书本知识与实践知识相结合。吕思勉虽然胸中藏有百万书卷，学富五车，一生与书为伴，且教人读书，但他深知仅有书本知识是不够的，因为书本知识是有一定局限性的，必须与事实体验相结合，才较完整。他自己的学问做得极好，但他仍反对从书本到书本、为学术而学术的论调。他的理由也很简单："人能做实事者多，擅长理论者少，且易错误。历来理论之发明，皆先从事实上体验到，然后借书本以补经验之不足，增益佐证而完成耳。故致力于书本，只是学术中一小部分，专以此为学术，于学术实未有知也。"

毛 姆
"为乐趣而读书"读书法

● 人物光影

威廉·萨默赛特·毛姆（1874—1965），英国小说家、戏剧家。生于巴黎，中学毕业后在德国海德堡大学肄业。1892—1897年，在伦敦学医，并取得外科医师资格。他的第一部长篇小说《兰贝斯的丽莎》，是根据他作为外科医生在贫民区为产妇接生时的见闻用自由主义手法写成的。毛姆的作品除在英美畅销外，还译成多种文字。1952年，牛津大学授予他名誉博士学位。1954年，英国女王授予他"荣誉侍从"的称号。主要著作有：《毛姆戏剧集》《毛姆全集》《短篇小说全集》。

毛姆通过自己的读书实践，总结出了一种"为乐趣而读书"的读书法。毛姆认为，许多在文学史上占有重要席位的著作，如今除了一些专门研究的学者外，并不需要每个人都去读。这是因为，处在工作极为繁忙、生活节奏很快的时代，对许多人来说，博览群书只是一种美好的愿望，他们中的大部分人，往往只能读一些与他们的学习、工作和研究有直接关联的书籍。正因为如此，在阅读的时候兴趣就显得格外重要。某一本书，纵然人们众口一致地加以称赞，但如果它不能真正激起你的兴趣，那么对你而言，它仍然是毫无用处的。对同一本书，每个人的看法都不会完全相同，最多只有某种程度的相似而已。一些对某类人具有重大意义的书，也同样对另一类人具有重大意义，那是不太可能的。因此，在读书的时候，我们就一定要根据自己的兴趣，选择那些自己喜爱的书来读。如果觉得哪本书不适合自己的胃口，那就赶快搁下它，而绝不要硬着头皮去读，因为那样做毫无乐趣可言，也就根本不可能真正享受它。毛姆认为，读者只能为乐趣而读，他说："谁能要求那些使某些人快乐的事物一定也要使别人觉得快乐呢？"

毛姆还认为，读书一定要随自己的兴趣，不一定要读完一本再读一本，而可以同时读五六本。比如，清晨脑子清醒，注意力集中，可以读科学著作或哲学著作；当一天的工作完成后，心情轻松，又不想从事激烈的思维活动，可以读一点儿历史、散文、评论或传记之类的书；晚间，不妨读读小说，身边还可以随时预备一本诗集，趁工作间隙，见缝插针地读一二首诗；床头可放一本既可随时去看，又能在任何段落随时停止，心情也不受影响的书。毛姆说："一个人不可能每一天都保有不变的心情，即使在一天之内，也不见得对一本书具有同样的热情。"应该说，毛姆的这种观点和做法，不仅符合时间的运筹学说，而且符合心理、生理和用脑规律，是相当科学的。

由于欣赏趣味的转变，会使得许多伟大杰出的某些论述也变得沉闷起来，所以为了始终保持浓厚的兴趣，毛姆在读书时还经常采用"跳读法"。他认为，只有懂得跳读法，才懂得如何使阅读既有益，又愉快。当然，跳读时要注意，千万不要漏掉那些有益的部分。

王国维
"三种境界"读书法

● 人物光影

王国维（1877—1927），中国近代著名学者，国学大师，杰出的古文字、古器物、古代史学家，诗人，文艺理论学家，哲学家，被誉为"中国近300年来学术的结束人，最近80年来学术的开创者"。王国维，字伯隅、静安，号观堂、永观，浙江海宁人，世代清寒。22岁，在上海《时务报》担任书籍校对，结交了罗振玉，在其资助下于1901年赴日本留学。王国维从事文史哲学数十载，是近代中国最早运用西方哲学、美学、文学的观点和方法剖析评论中国古典文学的开风气者，同时又是中国史学史上将历史学与考古学相结合的开创者，确立了较系统的近代标准和方法。一生著述62种，批校的古籍逾200种。主要著作有：《静安文集》《王国维遗书》《王观堂先生全集》《宋元戏曲考》《曲录》《人间词话》。

王国维之所以功力深厚，卓有建树，是因为他在读书治学时特别追求如下三种境界：

第一种境界是"昨夜西风凋碧树，独上高楼，望尽天涯路"（晏殊《蝶恋花》）。这种境界是指初学阶段，就像人刚从平地登上高楼，极目远眺，眼界顿开。王国维从小就刻苦研读了大量的中国典籍，后又学习英文、日文，并在此基础上遍读西方社会学、哲学、逻辑学、心理学、伦理学、美学和文学著作，从而"独上高楼，望尽天涯路"，拓开了眼界，看到了世界文化科学发展的潮流，把我国的文化领域开拓到一个新的境界。

第二种境界是"衣带渐宽终不悔，为伊消得人憔悴"（柳永《凤栖梧》）。这是说在强烈的求知欲的驱策之下，读书专心致志，发愤忘食，虽因此而身瘦衣宽，容颜憔悴，也心甘情愿，无怨无悔。王国维东游日本时，读书治学就达到了这第二种境界。这时，他既有了精深的国学造诣，掌握了打通中国古籍的方法，又有了熟练的外语能力，获取了窥探世界学术之林的工具，所以他也就更埋首于中外的各种书籍之中，进行执着痴迷的求索，当真到了"衣带渐宽""消得人憔悴"的程度。

第三种境界是"众里寻他千百度，蓦然回首，那人却在灯火阑珊处"（辛弃疾《青玉案》）。这是把真知实学比作令人倾慕的不同凡俗的美人，说明她绝非可以轻易得到，只有在经过"千百度"的反复求索之后，方能在"蓦然回首"时一睹她的倩影，并由此而获得莫大的幸福。

著名史学家陈寅恪在论述挚友王国维治学方法时概括了三条："一曰取地下之实物与纸上之遗文互相释证；二曰取异族之故书与吾国之旧籍互相补正；三曰取外来之观念与固有之材料互相参证。"王国维融古今中外文化于一体，"皆足以转移一时之风气，而示来者以轨则"。

这正是王国维在学术上研读、求索的成功之道。

叶圣陶
最忌死读书

● 人物光影

　　叶圣陶（1894—1988），中国著名作家、编辑家、教育家。原名叶绍钧，出生于江苏苏州。早年试验新式教学。文学研究会发起人之一，曾主编《小说月报》。在许多读者心目中，叶圣陶只是一位儿童文学作家及教育家。事实上，他的小说非常出色，其作品在文学史上占有重要位置。主要著作有：长篇小说《倪焕之》、童话集《稻草人》、短篇小说《潘先生在难中》。

　　《新文学史料》载有叶圣陶先生的一段时间日记。文中虽然没有提到该如何读书，却记载了他读书的情况和阅读时间的安排。从这些记述中，我们或许可以体味到读书的意蕴。

　　刊载日记从1946年8月1日起，止于10月31日，共计3个月。从日记所叙看，叶圣陶工作十分繁忙，几乎每天都要阅、审、校稿，且字数多，量很大，还有接迎朋友等其他事项。即便这样，叶圣陶都要读一阵子书。他读书不是随手逮一本随便翻几页，而是选好一本便不更换地一直读下去。此期间，叶圣陶读了3本书。一本是《诸神复活》，只在日记出现了一次（大约是以前读得差不多了）。一本是英国作家哈代的长篇《还乡记》。8月16日开读，当天的日记里这样记述："徐徐看去，不知何日始能完毕也。"在以后的一段时间里，常可见记读《还乡记》的字眼，其中不穿插其他书。这样陆陆续续，直到9月18日，在极繁忙情况下，用一个月零两天的时间，读完了这本书。当天日记这样记述："看完《还乡记》。哈代以小说自抒其人生见解，余以为堪玩味。"还有一本就是房龙的《圣经的故事》。从9月22日起，叶圣陶开始读，至10月31日，还没有结束。这期间也是陆陆续续地读，依然涉足其他书。

　　看完这3个月的日记，我们约略可以见出，叶圣陶读书的基本方法是："咬"定一本，不舍弃，不旁骛。如此这般，哈代《还乡记》那样的长篇，用月余方能"啃"完。由此可见，工作若不繁忙，一个月"啃"掉一本艰深之书，也不是太难的。

许多人读书，常图方便，哪本书顺手就拿哪本，哪本轻松就先读一段。床头书堆得虽不少，可认真读毕的，还真没有几本。这样下去，书架上的书和我们自己，也许会叹息终身吧。

认真想想，眼下书虽不少，可值得坐下来"啃"的并不多。有一两百部中外典籍垫底，对个人来说很好，可我们往往产生畏难情绪，以为非得集中大量精力，非得占用整段时间不可。问题是，现在的生活节奏如此之快，你到哪儿找整块时间？倘不用"啃"的精神，不紧紧"咬"住一本不放松，恐怕一部也看不完。

叶圣陶不仅善于挤时间"啃"书本，还认为读书应不受地点、处境的制约，一切全在于个人的努力。在《立志自学》这篇文章中曾这样写道："叶圣陶虽未上过大学，日后却能执教大学，而且成为一位享有盛誉的教育家、文学家，其中因素很多，但从他的文章中我们可想而知，他的成就与勤奋阅读息息相关。"

郁达夫
"书痴"的四种研读法

● 人物光影

郁达夫（1896—1945），中国现代著名小说家、散文家、诗人。原名郁文，字达夫，浙江富阳人。出生于浙江富阳满洲弄（今达夫弄）的一个知识分子家庭。1921年6月，与郭沫若、成仿吾、张资平、田汉、郑伯奇等人在东京成立了新文学团体创造社。1923—1926年，先后在北京大学、武昌师大、广东大学任教。1926年底，返沪后主持创造社出版部工作，主编《创造月刊》《洪水》半月刊。1928年，加入太阳社，在鲁迅的支持下，主编《大众文艺》。1938年12月，在新加坡主编《星洲日报》副刊，从事抗日活动。主要著作有：中篇小说

《出奔》《她是一个弱女子》，短篇小说《沉沦》《春风沉醉的晚上》《薄奠》《银灰色的死》。

喜欢读和如何去读书是两回事，在郁达夫看来，阅读文学作品大约有四种情况，与此相应，也就产生了四种研读方法。

欣赏者的研读方法。郁达夫认为，这是一种纯主观的文学阅读方法，要轻松随意一些。他曾提到过这种阅读方法的好处，其"目的是在丰富我们的精神，调剂我们的生活，因而直接间接可以助长文化的普及与社会的进步""但求适我之意，一层更进，也不妨与人共同欣赏奇文，就是这一种态度"。这一特点与古人读书的"不求甚解"很相似。

想当作家的研读方法。当然，郁达夫首先不希望别人像他那样从事文学、当作家，走文学创作的道路。退一步说，即使有些青年有这种愿望，他也无法阻止，同时也提了些相应的阅读方法。他认为，这种方法可以分两步走：第一步，"起码要弄清现代中国的语言文字"；第二步，要能领会社会各阶层人群的语言，以及"这些语言的意识、背景、现状与演进"。这就比较难了，就"必须要深入社会，苦苦地积累些经历"，然后再以自己的热情、见解和"诚实的态度、清顺的文字"表现出来。这样，文学作品才能得以成功。

学者型的研读方法。郁达夫认为，这种读书方法很吃力，"费力多而得效少"。碰到一篇文章，特别是古文，"先得考据这是谁作的，然后再去考求作者的生平和历史的关系、社会时代的关系，等等。这些考据明白之后，再来一字一句地研究文字的内容"。郁达夫虽然没有深文周纳，但他还是大致总结了学者在读书时通常运用的方法。

批评家的研读方法。郁达夫认为，批评家的读书方法，虽然有与学者的读书方法相通或大致相近的地方，但也有所不同。学者研读时须从头到尾"一字一句"地加以注意，有时还要穷源溯本，但批评家却不必如此，他只要在大处或远处注目，"有些细节，尽可以不必和学究取同一的态度。批评整篇文字的好坏，阐发一般人所看不出的优点或缺点，因而使作者和读者两受其益的"，这便是批评家研读文学作品的方法和特点。

感悟篇

走进书的世界
爱不释手
开卷有益

邦达列夫

书籍是人的自我见解

● 人物光影

邦达列夫（1924—2020），苏联、俄罗斯作家，获苏联社会主义劳动英雄称号。曾担任俄罗斯作家协会副主席。邦达列夫生于奥尔斯克一个职员家庭。毕业于高尔基文学院。卫国战争期间，任炮兵部队指挥官。作品以战争题材为主，体现了"前线一代"作家专写"战壕真实"的爱国情怀，并荣获列宁文艺奖和苏联国家奖。主要著作有：小说《在大河上》《指挥官的青春》《营队请求火力支援》《最后的炮轰》《热的雪》《寂静》《两个人》《岸》《抉择》，电影剧本《解放》，散文集《瞬间》。

假设现代世界失去了印刷符号，我们能不感到这是悲剧性的损失吗？

依我看来，这种损失也许比我们生活中失去电光更为不可弥补，因为那样，失去的将是既传播科学知识，又传播历代积累的情感的最重要的工具，而人类就将陷入愚昧无知和精神萧条的深渊。那时，世界将会黯然，人与人之间的一些联系方式就此中断，一个无知、多疑和彼此疏远的时代大概就会随之而来。在人的生活中，书籍究竟意味着什么呢？像交谈的语言一样，书籍不仅是人们交往的工具，不仅是信息的传播者，而最主要的——是洞察周围现实生活的工具，是自然界中有理智的一分子——是人的自我见解。与此同时，书籍还是对所有往事的确认，也是人类在这样一种情况下的可靠记忆，即如果书中所谈的不是决定各国人民命运的世界性大变动，也是在谈文艺复兴时代那些年轻人的恶作剧，是堂·吉诃德式的可悲形象——拉曼奇斯基的奇遇，是小官吏巴什马奇金的命运，或者是驿站长的贫穷困苦，是伊·伊里奇之死，是孤苦无援的小小米修斯，或者是从旧金山来到美丽如画的喀普里岛岸边的达官贵人未能如愿以偿的心情。

假若远古和不太远时代的往事不被保存在印刷符号里，使人类在所有复杂情况下的探索、迷误、发明以及力图寻求和确定生活意义的传记得以奇妙地恢复，那么，我们对当时人们的生活、习俗、思潮和性格能够知道些什么呢？未来又不仅直接产生于现在，它也产生于过去，须知我们的现代知识和我们对现实的态度——我们那些千百万前人的所有经验的结晶，是他们那些经过最大限度压缩和变了形的情感的总和。

假若当年不能凭借理智和激情走过那些远远近近的路程，譬如说，走过斯巴达克的悲剧式道路，走过博罗季诺原野中被熏黑了的平川，走过1941年那被鲜血染红的田野，那么，我们现在回首往事的时候，就会陷入茫然和空虚，就会觉得事情没头没尾，因为如果没有这些伟大的标志之点，那就什么也没有，就什么也不会有。

书籍——就是遗嘱的执行者，是所有时代、所有民族的精神珍品中无可责备的保管者，是早从人类的童年时代起就传给我们的永不熄灭的光源，是信号和预告、痛苦和苦难、欢笑和高兴、朝气和希望，是精神力量优于物质力量的标志，是意识的最崇高的产物。

书籍——就是对思想、哲学学派、社会民族历史条件的发展的认识，这种思想、学说和条件在不同的历史阶段，不断产生着对善良、理智和启蒙运动的信念，产生着对以自由、平等和社会公正为旗帜的革命斗争的信念。科学是用概念范畴进行思维的，它能创造物质、体系和公式，可以解释、发现和征服许多许多不可胜数的东西，但是就其本身性质而言，科学毕竟有一种东西无法研究——人们的感情，它也不能创造某一时代的人的形象。这一点注定只有文学才能做到。

陈香梅

曾经的读书岁月

● 人物光影

陈香梅（1925—2018），美籍华人，政治活动家、作家。祖籍广东，生于北京。1935年，随家迁居香港。1942年，考入广州岭南大学。1947年，在上海与美国第14航空队司令陈纳德结婚，移居美国。1950年，入美国籍。1960年，加入美国共和党，后任共和党少数民族委员会主席、白宫出口委员会主席等职。主要著作有：《往事知多少》《留云借月》《一千个春天》《迷》《追逸曲》《春秋岁月》《春水东流》。

中国抗日战争14年，我从中学到大学，在香港，在抗战的大后方，生活都很苦，经济更困难，爱看书，但常常没钱买书，于是只好到书店浏览。但书店主人对于只来看书而又买不起的人并不太欢迎。

有时为了买一本书，我就只好节省午饭钱。我有一妙计，吃两片面包，两片面包当中放些白糖，吃起来不致太素淡无趣，然后喝一杯开水，很奇怪，不知是何道理，开水比冷水有味道，尤其是吃白面包的时候。

有一次，为了想买一套中译的俄国名著（那套书共有4册，厚厚的4册，价钱很贵），只好和另一位同学约好，两个人合买，于是两人一同节食，但她对于白面包、白糖和开水的午餐无法欣赏。只吃了一天就要中途撤退，我对她这样放弃当然不甘，于是答应她替她到图书馆去手抄李清照的词笺共21首，这她才同意继续"牺牲"到底。大后方的书本纸张之劣无法形容，印刷也极差，但我们每得一书就如获至宝。等到我的女儿在加州斯坦福大学读东方语文时，随时开个书单，今天要一套二十四史，明天要一套文选，后天又要一套诗品，顺手拈来，得之毫不费工夫，与我们当年做学生时的境况真是天壤之别，可是也许为此，他们也无法享受我们当年那种"采菊东篱下，悠然见南山"的乐趣。

在岭大的校园内，我们读文科的学生常爱到吴教授的宿舍内听他谈诗论词，而他的福州茶泡在小小的茶壶里，再倒入玲珑的小杯中也别有一番情趣。

他从屈原说到杜甫、李白，从东方文学说到西方文学，兴致来时还要挥毫写一两首诗。有一次他还开我们女生的玩笑，他写了一副对联："几生修到梅花福，添香伴读人如玉。"我说："老师该罚。"他说："该罚，该罚。"喝浓茶一杯。真是此情只待成追忆。

如今，男人的社交里，谈的不是球经就是股票，女人谈的是时装和牌经。能有情趣去论诗品茶或逛书店的人已不可多得。人，为什么常常要追寻那不可得的东西，这就是人生的矛盾。在纽约的泛美大楼的"云天阁"，我们正临窗外望那将逝的夕阳，我想喝一杯浓茶，一小杯浓茶，像吴教授泥壶中的茶，可是"云天阁"有最名贵的瓷壶，镶了金边的茶杯，但那茶叶，是放在纸包里的茶叶——最煞风景的品茶方式。零乱茶烟，何处追寻？

德布林

对书崇敬的后果

● 人物光影

　　阿·德布林（1878—1957），德国小说家。生于斯丁德的一个犹太人家庭。在柏林和弗赖堡大学学过医学和心理学，是表现主义杂志《风暴》的创办人。第二次世界大战前，曾撰写大量反对军国主义和反对法西斯主义的文章。1933年起，流亡瑞士、法国、葡萄牙、美国。1945年，创办文学杂志《金门》，后去美国，任美国科学文学院副院长。德布林开创了德国表现主义流派，为德国小说艺术的发展做出了贡献。主要著作有：《王伦三跳》《华伦斯坦》《山、海、巨人》。

　　一个名叫卡尔·弗里德尔的男人，以清扫烟囱为生。有一次他来到图书馆，感到十分惊讶，随后，一个念头死缠着他不放。那就是，他深信，这些摆在这里的书久而久之一定会对四周的墙壁和天花板产生巨大的影响，所以只要人们在这里待上一会，随便坐在哪一张椅子上或到处站一站的话，就能获得一些知识。

　　他没有把这个非常容易理解的念头透露给任何人，但总是在空余时间来到图书馆，坐在椅子上或靠在桌旁，环顾四周，一动也不动。弗里德尔是个独身男子，他同两名助手一起干活。一开始为了增长知识，他每天在图书馆坐上半小时，然后是整整1小时，有时甚至两个小时。他时而也会睡着，一旦醒来就会感到精力充沛，思绪万千，而且表情还特别严肃。但究竟是哪些思绪充塞了他的头脑，对这一点他并不予以追问。

　　为了了解一些情况，有时在他离开图书馆时，会走到一个书架前，取出一本书来翻阅。有时，他看上去是在想些与这本书有关的东西或表示曾有过类似的体会。当他抓起另外一本书时，如印第安人的故事，他想的就很可能与这本书有关。总而言之，这很难说清楚。

所以他得出的结论是：在图书馆，人们不能只同一本书打交道，因为这本书与那本书的观点有时会相互矛盾，所以只能同把两位以上的数字横加起来的数目的书打交道，当然在一间摆满书的房间里是不难得出这一数目的。简而言之，他不再去接近书架，而又恢复过去干坐的办法。他坐着的时候也会产生各式各样的念头，但他不会去思索这些念头。这位扫烟囱的人，就在这种似睡非睡的状态中生活了许多年。谁都知道，他是一位态度严肃、深思熟虑的人。谁也都说，他因对书怀着崇敬的心情，所以不敢去打开一本书。毫无疑问，他对书怀着一种深深的崇敬，但阻止他看书的另外一个原因就是，他掌握了一种获取知识的新方法。

冯 至

书和读书

● **人物光影**

冯至（1905－1993），中国现代著名文学家、诗人。1921年，考入北京大学，开始发表诗作。参加创建"浅草社"和"沉钟社"，是中国新诗开创时期的主要代表人物。德国留学归来，执教于西南联大和北京大学，曾任北京大学西语系主任、中国社会科学院外国文学研究所所长。主要著作有：诗集《昨日之歌》《西郊集》《十年诗抄》，学术专著《论歌德》《杜甫传》。

读书人与书的关系，不像人们想得那样单纯。有人买书成癖，琳琅满目，若是你问他，"这些书都读过吗"？他将难以回答，或者说，"哪里能读这么多"，或者说，"先买下来，以备不时之需"。与此相反，有人身边只有少量的几本书，你问他，"近来读些什么"？他会毫不迟疑地回答，"读的就是这几本"。这两种情况我都有过。前者是在当年的北平即现在的北京，后者是在战争时期的昆明。这正如在一个地方住久了的人，对那里所有的特点失去敏感，经常注意不到，纵使有什么名胜古迹，总觉得随时都能去看，结果往往始终没有去过，倒不如短期来游的旅客，到一个地方便探奇访胜，仔细观察，留下深刻的印象，甚至一生难忘。我在昆明，仅只有摆在肥皂木箱里的几十本书，联大图书馆里的书也很贫乏，若相信开卷有益，任意浏览，是不可能的。幸而清华大学带来一部分图书，外文书放在外文系的图书室里，都是比较好的版本，我经常借阅，这是我读书的一个主要来源。其次是，昆明为数不多的旧书店，里边好书也很少，但我在出售用过的旧书时，也会偶然发现一两种稀奇或有用的书籍。此外，我在1942年3月，出乎意料在法律系办公室里看到几十本德语文学书，这是法律系教授费青在德国留学时买的。由此可见，这位法学家读书兴趣的广泛，也许是因为生活困难，他把这些书卖给学校了。书放在法律系，无人借阅，可能我是唯一的借阅者。总之，书很有限，而且得来不易，那么，自己带来的书，就翻来覆去地读；借来的书要按期归还，就迅速地读；旧书店里买来的书，就爱不释手地读。这样，我读书就不能随意浏览，而要专心致志了。有时也需从书本里得到一些启发，或是摘引一两句名言警句，给自己的文章加点分量。

辜鸿铭
读书人

● 人物光影

辜鸿铭（1857—1928），中国清末民初驰名中外的文化怪杰，中西比较研究的先驱。福建厦门人，生于马来西亚的槟榔屿。年幼时，被英国种植园主布朗收养，并被带往英国接受教育。游学欧洲十余年后，回到故土，被张之洞罗致门下，协佐办理邦交事务。1909年，张之洞逝世后，辜鸿铭潜心学术研究。1917年，蔡元培出任北京大学校长，辜鸿铭应聘到北大讲授英国文学。主要著作有：《尊王篇》《清流传》《中国的牛津运动》《中国人的精神》（又名《春秋大义》）、《哀诉之间》《国家与中国的行政机构》。

袁简斋《原士论》曰："士少则天下治，何也?天下先有农工商，后有士。农登谷，工制器，商通有无，此三民者养士者也。所谓士者，不能养三民，兼不能自养也。然则士何事？曰，尚志。志之所存，及物甚缓，而其果志在仁义与否，又不比谷也、器也、货之有无也，可考而知也。然则何以重士?曰，此三民者，非公卿大夫不治，公卿大夫非士莫为，惟其将为公卿大夫以治此三民也，则一人可以治千万人，而士不可少，亦不可多。舜有五臣，武王有乱臣十人，岂多乎哉！士既少，故教之易成，禄之易厚，而用之亦易当也。今则不然，才仅任农工商者为士矣，或且不堪农工商者亦为士矣，既为士，则皆四体不勤，五谷不分，而妄冀公卿大夫，冀而得，居之不疑；冀而不得，转生嫉妒，造诽谤，而怨之上不我知，上之人见其然也，又以为天下本无士，而视士愈轻，士乃益困。嗟乎!天下非无士也，似士非士者杂之，而有士如无士也。"

余谓今日中国不患读书人之不多，而患无真读书人耳。乃近日上下皆倡多开学堂，普及教育，为救时之策，但不知将来何以处如此其多之四体不勤、五谷不分、而妄冀为公卿大夫之人耶?且人人欲施教育，而无人肯求学问，势必至将来遍中国皆是教育之员，而无一有学问之人，何堪设想！

怀 特

小书凝聚的大智慧

● 人物光影

怀特（1899—1985），美国作家，曾多次荣获文学奖项。1973 年，被选为美国文学艺术院 50 名终生院士之一。1921 年，毕业于康奈尔大学。第一次大战期间在美军服役。20 世纪 20 年代，在《纽约人》杂志当编辑，曾为《哈泼斯》杂志撰写专栏文章。主要著作有：诗集《冷漠的夫人》《豆荚》，杂文集《荒野的旗帜》《这就是纽约》，小说《斯图尔特·利特尔》《夏洛特的网》。

一个人的精神竟能因为一本书——即使是灰尘仆仆的一本叙述条文的书而永垂不朽，是令人鼓舞的。威尔·斯特朗克喜爱明确、简练、泼辣的文笔，他的书就写得明确、简练、泼辣，而泼辣也许是他最突出的特征。他在21页解释完一组对比例句后写道："左边一例给人以举棋不定之感。作者似乎不能或是害怕选定一种表达方式，坚持使用。" 他的规则之一是："判断要确切。"这是地地道道的威尔。他瞧不起模模糊糊、人云亦云、缺乏色彩、没有主见的东西。他认为，没有主见比犯错误更糟糕。我记得，一天，他在教室里远远地探过身子，摆出他那典型的姿态——向别人透露机密的姿态，用深沉沙哑的嗓门说："如果你不知道某个字该怎么写的话，就把它大声读出来！如果你不知道某个字该怎么读的话，也把它大声读出来！"我当时就觉得这个似乎滑稽的说法很有道理，至今仍然为之折服。为什么要用含混来掩饰无知？为什么要遮遮掩掩？

在《文体要义》这本书里，有许多例子说明作者对读者的深刻的同情。威尔总像感到读者遇到了严重的困难，在泥淖里挣扎，因此用英语写作的人，都有责任排除泥淖，让读者的双脚踏到实地上来，至少也得扔给他一根绳。

这本"小书"已经多年没有使用了——而威尔也于1948年去世，去世前几年又已退休，没有再教书。现在的英语课使用的课本，篇幅大了，内容差了，这我敢相信。这些课本里就有不少芜杂的语句和信手拈来的动词。我希望它们能跟"小书"一样，把同样多的智慧凝聚在同样小的篇幅里，阐述得同样一针见血，解释得同样幽默风趣。不过，我想，如果突然要我给学生上《英语用法和文体》这门课的话，我只需做一件事：把身子远远地探过讲台，两手抓住翻领，眨着眼睛说："读那本小书！读那本小书！读那本小书！"这就行了。

劳伦斯

书籍仅仅是玩具吗？

● 人物光影

戴维·赫伯特·劳伦斯（1885—1930），英国小说家、诗人、散文家，20世纪西方争议最大的作家之一。生于诺丁汉郡一个矿工之家。中学毕业后，当过文书和小学教师，广泛接触了下层社会。1914年起，过着漂泊不定的生活，到过欧美许多国家。1913年，发表具有自传性质的小说《儿子与情人》而一跃成名。主要著作有：小说《虹》《恋爱的女人》《查泰莱夫人的情人》，动物诗集《鸟、兽、花》，学术论著《美国经典文学 研究》。

书籍仅仅是玩具吗？意识的玩具？那么人是什么呢？永远是聪明的孩子吗？难道人仅仅是聪明的孩子，老是拿书这种印制出来的玩具取乐吗？可以这么说。即使最伟大的作家也常把大多数时间用于制造绝妙精美的玩具，像《匹克威克外传》或《两人在塔上》。但这却不是全部。人是思想探索者。人是伟大的意识冒险家。无人知晓探险的历程从哪里开始，到哪里结束。我们处于这样的位置——已经走过的路是漫长的，而终点却仍遥不可见。我们是人类意识的可怜的选民，在混沌世界的旷野里迷了路，一边咯咯傻笑、胡言乱语，一边安营扎寨，我们没必要再往前走了。好吧，那就让我们安营扎寨，看看会发生些什么。反正等到最糟的事发生了，也定会有一个摩西来竖起铜蛇。那时，我们就可以重新出发了。人是思想探险家，从古至今从没有停止过思想。最早他的思想体现在木制或石制的小偶像里，后来体现在方尖碑上的象形文字里、黏土卷轴和纸莎草纸上。现在，他在书本里思想，在封面和封底之间畅游。

书本最大的弊端便是有封面和封底。当人不得不写在岩石和方尖碑上的时候，要撒谎是很难的，因为阳光太明亮了。但不久他就摸索进了石窟、秘密洞穴和寺庙，在那里，他创造自己的环境并对自己撒谎。而一本书就是一个有两个盖子的地洞，一个撒谎的完美去处。这就把我们带入了人类漫长的意识探险历程中真正的困境。人是谎言家，他对自己说谎，而一旦他编织了一个谎言，就会像追随自己鼻尖上的一点磷光一样不停地追随着那个谎言。云柱和火柱都期待他停下，它们静静地伫立一旁，期待他把鼻尖上愚蠢的光点擦去。但是，人追随谎言越久，就越坚信他见到的是光明。

人的生活是深入意识领域的无止境的探险，白昼追随着云柱，黑夜追随着火柱，穿越永恒的旷野，直到自己人为编造了一个又一个谎言，于是谎言成了他的向导，就像胡萝卜引导着驴子。

人的意识中存在着两种知识：人告诉自己的和人自己发现的。告诉自己的几乎是令人愉快的，然而却是谎言；自己发现的则常常是苦涩不堪的、难以接受的。

人是思想探险家。我们所谓的思想当然是指发现，而不是告诉自己陈腐的论据，然后得出错误的结论，尽管后者常常以"思想"的名义出现。思想是探索而不是骗局。

当然，进行探险的是完整的人，而不仅仅是他的精神。这就是为什么我们不能完全信奉康德或斯宾诺莎。康德用头脑和心灵思想，却从不用血液思想。其实，血液也会思想，在人体内深藏着，沉重地思想着。它体现于欲望和冲动之中，并得出离奇的结论。我的头脑和心灵得出的结论是：只要人们彼此相爱，人类世界就能成为完美的世界。但我的血液却得出结论说，这一切都是胡说八道，而且感到这种噱头颇令人作呕。我的血液告诉我根本没有完美这回事，有的只是沿着永远危险的时间谷地向意识深处所进行的永无止境的探险。

人发现他的头脑和心灵为他引错了路。我们的心灵说，如果一切都是完美的该多好；我们的头脑说，只要我们消灭了讨厌、顽固的血液的存在，我们就能使一切完美。而听从心灵和头脑，却导致了我们目前的严重出轨。我们可悲地出了轨，同时大发脾气，就像迷了路的人。于是我们说，我不想操心了，命运会解决问题的。命运不会解决问题的。人是思想探险家，只有通过在思想领域的探险才能找到出路。以文明为例。我们发脾气是因为我们并不真正喜欢我们所拥有的文明。1000年来，我们一直在塑造这个文明，而且塑造得如此庞大以至于无法改变了。最终，我们开始仇恨这一文明。太糟了！有什么方法可以补救吗？

哎呀，原来找不到任何补救的方法！我们就像发脾气的孩子，因为不喜欢所玩的游戏而发脾气，觉得自己是违背心愿地被迫做这个游戏。所以，我们只好这样玩下去，玩得很糟，还发着脾气。我们玩得很糟，所以结果当然是越来越糟，事情总是越来越糟。那么好吧，让它去！让它越来越糟好了。我死之后，管它洪水滔天！当然可以！然而，洪水是以诺亚及其方舟为先决条件的——古老的探险家进行着古老的探险。如果我们思索这一切，就会发现，诺亚比洪水更重要，方舟则比整个淹没了的世界更广大。

林语堂

读书须有胆识，有眼光，有毅力（节选）

● 人物光影

　　林语堂（1895—1976），中国现代著名学者、文学家、语言学家、幽默大师。原名和乐，后改玉堂，又改语堂，福建龙溪人。1912年，入上海圣约翰大学，毕业后在清华大学任教。1919年，赴美哈佛大学文学系学习。1922年，获文学硕士学位。同年，赴德国莱比锡大学，专攻语言学。1923年，获博士学位后回国，任北京大学教授、北京女子师范大学教务长和英文系主任。1924年，为《语丝》主要撰稿人之一。1932年，主编《论语》半月刊。1934年，创办《人间世》，1935年创办《宇宙风》，提倡"以自我为中心，以闲适为格调"的小品文。主要著作有：英文专著《吾国与吾民》《生活的艺术》《孔子的智慧》《老子的智慧》《美国的智慧》，英文长篇小说《京华烟云》《风声鹤唳》，中文专著《翦拂集》《语言学论丛》《大荒集》《我的话》。

　　读书本是一种心灵的活动，向来算为清高。说破读书本质，"心灵"而已。"万般皆下品，唯有读书高"。所以读书一向称为雅事乐事。但是，现在雅事乐事已经不雅不乐了。今天读书，或为取资格，得学位，在男为娶美女，在女为嫁贤婿；或为做老爷，踢屁股；或为求爵禄，刮地皮；或为做走狗，拟宣言；或为写讣闻，做贺联；或为当文牍，抄账簿；或为做相士，占八卦；或为做塾师，骗小孩……诸如此类，都是借读书之名，取利禄之实，皆非读书本旨。亦有人拿父母的钱，上大学，跑百米，拿一块大银盾回家，在我是看不起的，因为这似乎亦非读书的本旨。读书本旨湮没于求名利之心中，可悲。

　　今日所谈的是自由地看书读书，无论是在校，离校，做教员，做学生，做商人，做政客，有闲必读书，所以开茅塞，除鄙见，得新知，增学问，广识见，养性灵。人之初生，都是好学好问，及其长成，受种种的俗见俗闻所蔽，毛孔骨节，如有一层包膜，失了聪明，逐渐顽腐。读书便是将此层蔽塞聪明的包膜剥下。能将此层剥下，才是读书人。点明读书要能破俗见陋习，复人之灵性。对死读书本固持陈念之人一段讥讽，令人心惊警惕。盖我们也未尝不有鄙俗之时。并且要时时读书，不然便会鄙吝复萌，顽见俗见生满身上，一人的落伍、迂腐，就是不肯时时读书所致。所以读书的意义，是使人较虚心，较通达，不固陋，不偏执。一人在世上，对于学问是这样的：幼时认为什么都不懂，大学时自认为什么都懂，毕业后才知道什么都不懂，中年又以为什么都懂，到晚年才觉悟一切都不懂。大学生自以为心理学他也念过，历史地理他亦念过，经济科学也都念过，世界文学艺术声光化电，他也念过，所以什么都懂，毕业以后，人家问他国际联盟在哪里，他说"我书上未念过"，人家又问法希斯蒂在意大利成绩如何，他也说"我书上未念过"，所以觉得什么都不懂。到了中年，许多人娶妻生子，造洋楼，有身份，做名流，戴眼镜，留胡子，拿洋棍，沾沾自喜，那时他的世界已经固定了：女子放胸是不道德，剪发亦不道德，读《马氏文通》是反动，节制生育是亡种逆天，提倡白话是亡国之先兆，《孝经》是孔子写的，大禹必有其人……意见非常之多而且确定不移，所以又是什么都懂。其实是此种人久不读书，鄙吝复萌所致。此种人不可与深谈。但亦有常读书的人，老当益壮，其思想每每比青年急进，就是能时时读书，所以心灵不曾化石，变为古董。

至于语言无味，都全看你所读是什么书及读书的方法。读书读出味来，语言自然有味，语言有味，做出文章亦必有味。有人读书读了半世，亦读不出什么味来，都是因为读不合的书，及不得其读法。读书须先知味。读书知味。世上多少强读人，听到此语否？这味字，是读书的关键。所谓味，是不可捉摸的，一人有一人胃口，各不相同，所好的味亦异，所以必先知其所好，始能读出味来。有人自幼嚼书本，老大不能通一经，便是食古不化勉强读书所致。袁中郎所谓读所好之书，所不好之书可让他人读之，这是知味的读法。若必强读，消化不来，必生痞积胃滞诸病。

口之于味，不可强同，不能因我的所嗜好以强人。先生不能以其所好强学生去读。父亲亦不得以其所好强儿子去读。所以书不可强读，强读必无效，反而有害，这是读书之第一义。有愚人请人开一张必读书目，硬着头皮咬着牙根去读，殊不知读书须求气质相合。人之气质各有不同，英人俗语所谓"在一人吃来是补品，在他人吃来是毒品"。因为听说某书是名著，因为要做通人，硬着头皮去读，结果必毫无所得。过后思之，如做一场噩梦。甚至终身视读书为畏途，提起书名来便头痛。萧伯纳说许多英国人终身不看莎士比亚，就是因为幼年塾师强迫背诵种下的果。

以读书不可勉强，因为学问思想是慢慢胚胎滋长出来。其滋长自有滋长的道理，如草木之荣枯，河流之转向，各有其自然之势。逆势必无成就。树木的南枝遮阴，自会向北枝发展，否则枯槁以待毙。河流遇了矶石悬崖，也会转向，不是硬冲，只要顺势流下，总有流入东海之一日。世上无人人必读之书，只有在某时某地某种心境不得不读之书。有你所应读，我所万不可读，有此时可读，彼时不可读，即使有必读之书，亦绝非此时此刻所必读。见解未到，必不可读，思想发育程度未到，亦不可读。孔子说五十可以学易，便是说45岁时尚不可读《易经》。刘知几少读古文《尚书》，挨打亦读不来，后听同学读《左传》，甚好之，求授《左传》，乃易成诵。《庄子》本是必读之书，然假使读《庄子》觉得索然无味，只好放弃，过了几年再读。对庄子感觉兴味，然后读庄子。读书要等兴味来。

且同一本书，同一读者，一时可读出一时之味道出来。其景况犹如看一名人相片，或读名人文章，未见面时，是一种味道，见了面交谈之后，再看其相片，或读其文章，自有另外一层深切的理会。或是与其人绝交以后，看其照片，读其文章，亦另有一番味道。四十学《易》是一种味道，五十而学《易》，又是一种味道。所以，凡是好书都值得重读的。自己见解愈深，学问愈进，愈读得出味道来。

于是可知读书有两方面，一是作者，一是读者。程子谓《论语》读者有此等人与彼等人。有读了全然无事者；亦有读了不知手之舞足之蹈之者。所以读书必以气质相近，而凡人读书必找一位同调的先贤，一位气质与你相近的作家，作为老师，这是所谓读书必须得力一家。意思是要人找到师法对象，全心投入、气质浸润。此即读书以"情"读和以"智"读之区别。不可昏头昏脑，听人戏弄，庄子亦好，荀子亦好，苏东坡亦好，程伊川亦好。一人同时爱庄荀，或同时爱苏程是不可能的事。找到思想相近之作家，找到文学上知情人，心胸中感觉万分痛快，而魂灵上发生猛烈影响，如春雷一鸣，蚕卵孵出，得一新生命，入一新世界。尼采师叔本华、萧伯纳师易卜生，虽皆非及门弟子，而思想相承，影响极大。当二子读叔本华、易卜生时，思想上起了大影响，是其思想萌芽学问生根之始。因为气质性灵相近，所以乐此不疲，流连忘返，始可深入，深入后，如受春风化雨之赐，欣欣向荣，学业大进。

读书须有胆识，有眼光，有毅力。说回前面论点，最后一点，也即读书全部之主旨，读出自己性灵来。胆识二字拆不开，要有识，必敢有自己意见，即使一时与前人不同亦不妨。前人能说得我服，是前人是，前人不能服我，是前人非。人心之不同如其面，要脚踏实地，不可舍己耘人。诗或好李，或好杜，文或好苏，或好韩，各人要凭良知，读其所好，然后所谓好，说得好的道理出来。或竟苏韩皆不好，亦不必惭愧，亦须说出不好的理由来，或某名人文集，众人所称而你独恶之，则或系汝自己学力见识未到，或果然汝是而人非。学力未到，等过几年再读，若学力已到而汝是人非，则将来必发现与汝同情之人。刘知几少时读前后汉书，怪前书不应有古今人表，后书宜为更始立纪，当时闻者责以童子轻议前哲，乃"赧然自失，无辞以对"，后来偏偏发现张衡、范晔等，持见与之相同，此乃刘知几之读书胆识。因其读书皆得之襟腑，非人云亦云，所以能著成《史通》一书。如此读书，处处有我的真知灼见，得一分见解是一分学问，除一种俗见，算一分进步，才不会落入圈套，满口滥调，一知半解，似是而非。

罗曼·罗兰

为英雄立传

● 人物光影

罗曼·罗兰（1866—1944），法国思想家、文学家、批判现实主义作家、音乐评论家、社会活动家。生于法国中部的克拉姆西，15岁随父母迁居巴黎。1889年，从巴黎高等师范学校毕业后，到罗马法国考古学校进修。1895年，获艺术博士学位后，在巴黎高等师范学校和巴黎大学讲授艺术史，并从事文学创作和音乐评论工作。第一次世界大战期间，移居瑞士从事反战活动，拥护十月革命后的苏维埃政权。20世纪30年代，与巴比塞一起组织反法西斯群众运动。第二次世界大战期间，拥护甘地的非暴力主义，受到希特勒的迫害。在沦陷区闭门著书，直至巴黎被盟军解放。主要著作有：长篇巨著《约翰·克利斯朵夫》《母与子》《哥拉·布勒尼翁》，剧本《狼群》《丹东》《罗伯斯庇尔》，传记《贝多芬传》《托尔斯泰传》《米开朗琪罗》。

这些《名人传》不是向野心家的骄傲申说的，而是献给受难者的，并且实际上谁又不是受难者呢？让我们把神圣的苦痛的油膏，献给苦难的人吧！我们在战斗中不是孤军。世界的黑暗，受着神光烛照。即是今日，在我们近旁，我们也看到闪耀着两朵最纯洁的火焰，正义与自由：毕加大佐和布尔民族。即使他们不曾把浓密的黑暗一扫而空，至少他们在一闪之下已给我们指明了大路。跟着他们走吧，跟着那些散在各个国家、各个时代、孤独奋斗的人走吧。让我们来摧毁时间的阻隔，使英雄的种族再生。

我称为英雄的，并非以思想或强力称雄的人，而只是靠心灵而伟大的人。好似他们之中最伟大的一个，就是我们要叙述他的生涯的人所说的："除了仁慈以外，我不承认还有什么优越的标记。"没有伟大的品格，就没有伟大的人，甚至也没有伟大的艺术家，伟大的行动者，而所有的只是些空虚的偶像，匹配一般庸人的，时间会把他们一齐摧毁。成败又有什么相干？主要是成为伟大，而非显得伟大。

这些英雄的生涯，几乎都是一种长期的受难。或是悲惨的命运，把他们的灵魂在肉体与精神的苦难中磨折，在贫穷与疾病的铁砧上锻炼；或是目击同胞受着无名的羞辱与劫难，而生活为之戕害，内心为之碎裂，他们永远过着磨难的日子。他们固然由于毅力而成为伟大，可是也由于灾患而成为伟大。所以不幸的人啊！切勿过于怨叹，人类中最优秀的和你们同在。汲取他们的勇气做我们的养料吧！倘使我们太弱，就把我们的头枕在他们膝上休息一会儿吧。他们会安慰我们。在这些神圣的心灵中，有一股清明的力量和强烈的慈爱，像激流一般飞涌出来。甚至无须探询他们的作品或倾听他们的声音，就在他们的眼里、他们的讲述里，即可看到生命从没像处于患难时的那么伟大、那么丰满、那么幸福。

罗斯金
关于书的定义

● 人物光影

  约翰·罗斯金（1819—1900），英国作家，批评家。其作品文字优美，色彩绚丽，有"美的使者"之誉。出生于伦敦，青少年时代受到良好的教育。1836 年，进牛津大学基督教学院，中途因病退学，在意大利养病。1871 年，组织圣乔治会，推行他的乌托邦社会理想，因得不到社会支持而失败。1879 年，隐居于布伦特伍德镇。主要著作有：专著《现代画家》《建筑的七盏灯》《经济学释义》，散文《时至今日》《芝麻与百合》《野橄榄花冠》《劳动者的力量》。

  一切书籍无不可分为两类：一时的书与永久的书。请注意这个区别——它不单是个质的区别。这并不仅仅是说，坏书不能经久，而好书才能经久。这乃是一个种类的区别。书籍中有一时的好书，也有永久的好书；有一时的坏书，也有永久的坏书。

  所谓一时的好书——至于坏书我这里就不讲了——往往不过是一些供你来观阅的有益或有趣的谈话而已，而发表谈话的人，你除了观阅其书以外，常常无法和他交谈。这些书往往非常有益。因为它会告诉你许多必要的知识，往往非常有趣，正像同一位聪明友人的当面谈话那样。种种生动的旅行记叙；轻松愉快而又充满机智的问题讨论；以小说形式讲述的各种悲喜故事；事过境迁，由当事人亲自提供的确凿事实……所有这些一时的书，随着文化教育的普及而日益增多，这是我们这个时代所特有的事物。对于它们，我们应当深表感谢，而如果不能善为利用，还应当深感惭愧。但是，如果竟让它们侵占了真正书籍的地位，那我们就又完全用非其当了。因为，严格地讲，这些很难算是什么书籍，而只不过是楮墨精良的书信报章而已。我们友人的来信在当天也许是有趣的，甚至是必要的，但是有无保存价值，就需要考虑了。报纸在吃早饭时来读可能是最好不过了，但是作为全天的读物，便不适合。所以，一封内容关于去年某地的客栈、旅途或天气的有趣记载的长信，或是其中讲了什么好玩的故事，或某某事件的真相的其他信件，现在虽然装订成册，而且也颇有临时参考价值，但在严格的意义上讲，却不能称之为"书"，而且在严格的意义上讲，也谈不上真正的"读"。书籍就其本质来讲，不是讲话，而是著述，而著述的目的，不仅在于达意，而且在于流传。讲话要印成书册，主要因为讲话人无法对千千万万的人同时讲话。如果能够，他会愿意直接来讲述 的——书卷只是他声音的扩充罢了。你无法和你在印度的朋友谈话，如果能够，你也会愿意直接来谈的。于是，便以写代谈，这也无非是声音的传送而已。但是，书籍的编著却并非仅仅为了扩充声音，仅仅为了传送声音，而是为了使它经久。一位作家由于发现了某些事物真实而有用，或者美而有益，因而感到有话要说。据他所知，这话还不曾有人说过；据他所知，这话也还没人能说得出。因此，他不能不说，而且还要尽量说得清楚而又优美，说得清楚，是至少要做到的。

终其一生当中，他往往发现，某件事物或某些事物在他特别了然于胸——这件事物，不论是某种真知灼见或某种认识，恰是他的世间福分机缘所允许他把握的。他极其渴望能将它著之篇章，以垂久远、镂之金石，才更称意，"这才是我的精华所在；至于其余，无论饮食起居，喜乐爱憎，我和他人都并无不同；人生朝露，俯仰即逝；但这一点我却见有独到：如果说我身上还有什么值得人人记忆的话，那就应以此为最"。这个便是他的"著作"，而这个，在一般人力所达到的有限范围，而且也不论其中表现了他真正灵感的多寡，便无疑是他的一座丰碑，一篇美文。这便是一部真正的"书"。或许你认为，这样写成的书是没有的吧？那么，我就又要问你，你到底相信不相信世间还有"诚恳"二字？或还有"仁慈"二字？是否你认为，才隽之士的身上从来也看不到半点诚恳与宽厚的地方？但愿诸位当中不致有谁会悲观失望到抱有这种看法。其实，一位才隽之士的作品当中，凡是以诚恳态度和宽厚之心所著成的篇章，无愧是他的经典之作或艺术珍品。

斯迈尔斯

书籍最能经受岁月的磨蚀

● 人物光影

塞缪尔·斯迈尔斯（1812—1904），苏格兰作家。凭借小说《自助》一举成名。1832年，虽然在爱丁堡取得医师资格，但此后不久便投身新闻工作，主编《利兹时报》。主要著作有：《性格》《节俭》《责任》《工人师傅们的生平》《自传》。

欲知其人，常可观其所读之书，恰如观其所交之友。与书为友如同与人为友，都应与其最佳、最善者常相伴依。

好书可引为净友，一如既往，永不改变，两心相伴，陶陶其乐。当我们身陷困境或处于危险，好书终不会幡然变脸。好书与我们亲善相处，年轻时从中汲取乐趣与教诲，到鬓发染霜，则带给我们以亲抚和安慰。

同好一书之人，往往可以发现彼此间习性也有相近，恰如二人同好一友，彼此间也可引以为友。古时有句名谚："爱我及犬"，若谓为"爱我及书"，则更不失为一智语。人们交往若以书为纽带，则情谊更为真挚高尚。对同一作家之钟爱，使人们的所思所感、欣赏与同情，都能交相融会。作家与读者，读者与作家，也能相知相通。

英国文艺评论家赫兹利特说："书籍深透人心，诗随血液循环。少小所读，至老犹记。书中所言他人之事，却使我们如同身临其境。无论何地，好书无需倾尽其囊，便可得之。而我们的呼吸也会充满了书香之气。"

一本好书常可视为生命的最佳归宿，一生所思所想之精华尽在其中。对大多数学人而言，他的一生便是思想的一生，因此好书即为金玉良言与思想光华所汇成，令人感铭于心，爱不忍释，成为我们相随之伴侣与慰藉。菲利浦·西德尼爵士说："与高尚思想相伴者永不孤独。"当诱惑袭来，高尚纯美的思想便会像仁慈的天使，翩然降临，一扫杂念，守护心灵。高尚行为的愿望随之产生。良言善语常会激发出畅举嘉行。书籍具有不朽的本质，在人类所有的奋斗中，唯有书籍最能经受岁月的磨蚀。庙宇与雕像在风雨中颓毁坍塌了，而经典之籍则与世长存。伟大的思想能挣脱时光的束缚，即使是千百年前的真知灼见，时至今日仍新颖如故，熠熠生辉。只要拂动书页，当时所言便历历在目，犹如亲闻。时间的作用淘汰了粗劣制品。就文学而言，只有经典明言方能经久传世。书籍将我们引入到一个高尚的社会。在那里，历代圣人贤士群聚，仿佛与我们同处一堂，让我们亲聆所言，亲见所行，心心相印，欢悦与共，悲哀同历。我们仿佛也嗅到他们的气息，成为与他们同时登台的演员，在他们描绘的场景中生活、呼吸。凡真知灼见决不会消逝于当世，书籍记载其精华而远播天下，永成佳音，至今为有识之士倾耳聆听。古时先贤的影响，仍融入我们生活的氛围，我们仍能时时感受到逝去已久的人杰们一如当年，活力永存。

孙福熙

读书并非为黄金

● 人物光影

　　孙福熙（1898—1962），中国现代文学家、艺术家。字春苔，浙江绍兴人。1915年，毕业于浙江省省立第五师范学校。曾参加五四运动。1919年，开始发表作品。1920年，入法国国立里昂美术学校，学习西方绘画。1925年，回国后历任西湖艺术学院、杭州国立艺术专科学校教授，昆明难童学校校长，浙江大学文学院、中山大学教授。

中国人把"读书"看得过重。"书中自有黄金屋，书中自有千钟粟"的说法，先认读书为苦不可耐，于是用黄金利禄来引诱，就是"吃得苦中苦，方为人上人"的意思。

　　在介绍我读书的经验时，不敢以读书人自居（虽然读书人"书生气"的坏处依然很多），而我能说的不是读书的经验，却是不读书的经验。

我3周岁以后就读书，读书这样早，完全因为我幼年时太活泼，毁坏了许多东西的缘故。一直到12岁，我接受的全是旧式灌输的教育，除了识字的成绩以外，到现在是毫无益处。因为读书没有趣味的缘故，此后入学校，直至师范学校毕业为止，凡有书本的功课我都不大喜欢。我所喜欢的是手工图画，以及书本以外兼有实物的理化博物。再后，则半工半读或者整日工作，而自己在夜间读书。

尤其是在法国的时候，因为经济的能力是不能读书的。所以，一方面分出时间去工作，一方面又节省读书应有的一切工具与方法，欲读书而不可得了。没有人教我法文，为了节省起见，不懂一句法文的我，就进美术学校学画去了。自己看看法文书，弄出许多的错误。为了这个缘故，我的一点知识，都从实践中得来，与事实有关。例如，法文中的"兰花"一字，是同学在公园中告我的，所以至今一看到兰花，就联想到这位同学与公园，而看到"延长"一字，则联想到下雨与房东老太婆。因为，这并不是从书本中得来，所以我没有什么字是可以联想书本的。

许多人是先读了书，后来证之事实，惊叹古人深思明辨，于是豁然贯通地说一声："此诚所谓'学于古训乃有获，监于成宪永无愆'也。"而我则不然，我的肚皮里没有书，没有把有系统的书本知识作为辨别事理的根据，每遇到事物上有疑问，只得乱翻书本来求解答。

我以为，中国人把读书看得太苦亦太尊贵了，于是与世界事物脱离了关系。读书与散步、踢球、看电影、游山玩水，并不冲突，而且是互有补益。（大学生天天进跳舞场未必有益，但偶然去一次，未必带回满身的恶景，这全在自己如何处置。）

我觉得，一个法国人走进图书馆，简直同走进戏院电影场是一样的性质。周末或假日，不必工作的时候，法国人就要利用这一天时间，做有益身心之事。我不是说法国人愚笨，肯将读书苦事视为看戏看电影一样的快乐，我要说的是读书得法的时候，与戏剧电影之启发知识、涵养德行、陶冶情感的消遣性质，完全是一样的。

中国的书籍，学术的意味太多，而引动趣味太少，内容则平板陈腐，文字则枯燥生硬，虽有黄金利禄的引诱，天下尽有未用读书做"敲门砖"而骗到了黄金与利禄者。为此，著书者与读书者的态度都可以改变一下。

沃 伦

"肉体的感受是诗歌的意义"

● 人物光影

　　沃伦（1905—1989），美国当代著名作家，被评为美国首届桂冠诗人，他的作品获得数十次奖项，是美国得奖最多的作家之一。生于美国南方肯塔基州。1925 年，毕业于范德比尔特大学，先后在加利福尼亚大学和耶鲁大学深造。1930 年，获罗兹奖学金留学英国牛津大学。回国后，先后在西南学院、范德比尔特大学、路易斯安那州立大学和明尼苏达大学任教。1962 年，在耶鲁大学任教。曾创办《南方评论》杂志和《逃亡者》诗刊。主要著作有：诗集《许诺》《诗选》《诗三十六首》，长诗《龙的兄弟》，小说《国王的人马》《夜骑者》《天堂门口》《足够的时间与空间》《洞穴》。

　　一首诗读罢，如果你不是直到脚趾都有感受的话，那不是一首好诗。不过，它也需要一个知道如何使全身在感受的人来读。以亚历山大·蒲柏的一首押韵诗为例。他说，被告被判决和绞死，那是因为陪审员们不愿意再沉闷地坐上半天，他们要去吃午饭了。原诗是这样的："那些倒霉蛋被绞死，陪审贝们便可就餐。"这里有作者蔑视的态度。这行诗中的肉体感受，就是它的意义。我们对诗歌还有其他种种经验，如意象。然而，你必须使自己知道，肉体的感受是最根本的，但许多人并不清楚这一点。他们认为，诗歌都是优美的。优美？见鬼去吧！诗歌就是生活，是充满了活力的经历。

　　理解诗歌的诀窍就是要读，这样读的时候就听到了。不一定要念出声来，肌肉使所有的字句活动。我要知道的是它给人怎样的感受，以及肌肉的运动是怎样一直传到脚趾的。诗歌的语言不应该仅仅是书写在纸上的符号，而是应该用来读的，并作为一种肉体能够理解的声音来听的——而且是可以看的。这就是牢记和背诵诗歌的重要原因。

在我读书时，我们是不是记住一首诗，是不是获得诗的感受，都是要打分数的。在范德比尔特大学一年级的英语课上，我一学期至少得记住500行诗。如今，不要求年轻人这样做了。我在耶鲁大学任教时，常常问研究班的学生们谁能一口气背出一首诗。只有那么一次，有一名学生做到了。当代青年们没有机会去学习任何关于诗歌的东西。在这个讲究实用的世界中，教育不再教你怎样生活，而仅仅是教你学会怎样去挣钱维持生活。人类自我的一面已经荡然无存了。

雪　莱
读诗是心灵留下的记录

● 人物光影

珀西·比西·雪莱（1792—1822），英国浪漫主义诗人。出生于英格兰一个贵族家庭。早年受启蒙思想家卢梭和共和主义者葛德文的影响，形成了无神论和空想社会主义的思想。1810年，进入牛津大学学习，因印发《无神论的必要性》小册子被学校开除。随后，到都柏林参加爱尔兰民族解放运动。1813年，完成第一部长诗《麦布女王》，因揭露暴政和僧侣对人性的摧残而被迫离开祖国。1814年，去法国、瑞士旅行。1816年，在日内瓦湖畔与拜伦相遇，结为知己。1818年，被迫离开祖国，侨居意大利，继续从事诗歌创作。主要著作有：《解放了的普罗米修斯》《钦契一家》。

读诗是最快乐、最美好的心灵在最美好、最快乐的时刻留下的记录。每个人都能感到自己的心中常有转瞬即逝的思想、感情的造访，它们有时与地点或人物相关，有时只与我们自己的心灵有关。它们总是不期而至又不辞而别，然而总是无以言喻地使我们的心头升腾起快乐与庄严。所以，在它们的消逝带来的遗憾和惆怅中，我们依然能感到快乐，这快乐已融入了我们的本质中。缪斯的到来，仿佛一个更为神圣的天性渗透到我们自身的天性中，只是它的脚步好似一阵掠过海面的风，当波浪平静之后，它也消失了踪影，只剩下层层细沙，铺满寂静的海滩。这一切以及类似的情景，只有情感特别细腻、想象力特别丰富的人才能体味到。处于这种状态下，人的心境容不得任何一种低级粗俗的欲望。在本质上，美德、爱情、友谊、爱国主义等炽热的感情正是与这些快乐的感情相连的。只要这些感情存在，自我就只不过是沧海之一粟。诗人不仅是感情细腻的精灵，而且能够体味到这一切，他们还要饱蘸这来自天国的瞬息即逝的颜色，来渲染他们所体味的一切。一个单词，一个笔触，在写景或抒情中都会扣向人们沉醉中的心弦，从而在那些曾体验过这些情感的人们当中，唤醒那沉睡的、冰冷的、埋葬了的往昔的意境。就这样，读诗能使世间一切最美好的事物得到永生。它捕捉到飘入人生阴影中的转眼即逝的幻象，用语言或形式来点缀它们，然后把它们送往人间，给人类带去快乐的喜讯，因为人类正与它们的姐妹们居住在一起——我们之所 以说"居住"，是因为在这些幻象所居留的人类精神的洞穴里，还没找到通向大千世界的表现之门，读诗拯救了降临于人间的神性，使它免遭灭亡。

读诗使万物变得可爱。它使美的东西锦上添花，使畸形的东西变得美丽；它使狂喜与恐惧、悲伤与快乐、永恒与变幻缔结姻缘。在它柔和的压力下，势不两立的事物变得彼此相容。它所触及的一切都发生了变化。在它的光芒照耀下，每一种形态都获得一种神奇的同感，变成了它所呼出的灵气的化身。它是神秘的炼丹术，它能把渗入生命的死亡的毒液变成可以饮用的仙汁。它揭开了世界平淡无奇的面纱，露出赤裸的酣眠的美，这美就是世界一切形象的精神。

歌 德

松开手，让我说话！

● 人物光影

歌德（1749—1832），德国伟大的诗人，德国狂三飙突进运动和古典文学的主要代表人物之一。生于法兰克福。1765年，入莱比锡大学学习法律，因病休学后入斯特拉斯堡大学。

1771 年，获法学博士学位。主要著作有：《葛兹·冯·伯里欣根》《少年维特之烦恼》《普罗米修斯》《哀格蒙特》《在陶里斯的伊菲格尼亚》《浮士德》《威廉·麦斯特的学习时代》《威廉·麦斯特的漫游时代》。

先生们，我想停笔，明天再继续写下去，因为现在滋长在我内心里的这种心情，你们也许不容易体会到。莎士比亚的戏剧是个美妙的万花镜，在这里面，世界的历史由一根无形的时间线索串联在一起，但他的作品都围绕着一个神妙的点（还没有一个哲学家看见过这个点并给予解释），在这里我们个人所独有的（本性），我们从愿望出发所想象的自由，同在整体中的必然进程发生冲突。可是我败坏了的嗜好是这样迷糊住了我们的眼睛，我们几乎需要一种新的创作，来使我们从暗影中走出来。

所有的法国人及受其传染的德国人，甚至于维兰也在这件事上和其他一些更多的事情一样，做得不太体面。连向来以攻击一切崇高的权威为职业的伏尔泰在这里也证实了自己是一个十足的台尔西特。如果我是尤利西斯的话，那他的背脊定要被我的王笏打得稀烂！这些先生当中的大多数人对莎士比亚的人物性格表示特别反感！我却高呼：要自然的真实！没有比莎士比亚的人物更自然的了！这样一来，于是乎他们一起来扭住我的脖子。松开手，让我说话！

他与普罗米修斯竞争着，以对手做榜样，一点一滴地刻画着他的人物形象，所不同的是赋予了巨人般的伟大性格——正因为如此，我们才认不出他们是我们的兄弟——然后以他的智力吹醒了他们的生命。他的智力从各个人物身上表现出来，因此大家看出他们之间的亲属关系。

我们这一代凭什么敢于对自然加以评断？我们又能从什么地方来了解它？我们从幼年起，在自己身上所感到的以及在别人身上所看到的，这一切都是被束缚住的和矫揉造作的东西。我常常站在莎士比亚面前而内心感到惭愧，因为有时发生这样的情形：在我看了一眼之后，我就想到，要是我的话，一定会把这些处理成另外一个样子！接着我便认识到自己是个可怜虫，从莎士比亚的笔下描绘出的是自然的真实，而我所塑造的人物却都是肥皂泡，是由虚构狂所吹起的。虽然我还没有开过头，可是我现在却要结束了。

那些伟大的哲学家们关于世界所讲的一切，也适用于莎士比亚：我们所称之为恶的东西，只是善的另外一个面，对善的存在是不可缺少的，与之构成一个整体，如同热带要炎热，拉伯兰要上冻，以致产生一个温暖的地带一样。莎士比亚带着我们去周游世界，而我们这些娇生惯养、无所见识的人遇到每个没见过的飞蝗却都惊叫起来："先生，它要吃我们呀！"

先生们，行动起来吧！请你们替我从那所谓高尚嗜好的乐园里唤醒所有的纯洁心灵，在那里，他们饱受着无聊的愚昧，处于半睡半醒的状态，他们内心里虽充满激情，可是骨头里却缺少勇气，他们还未厌世到致死的地步，但是又懒到无所作为，所以他们就躺在桃金娘和月桂树丛中，过着他们的萎靡生活，虚度光阴。

格拉克
着了司汤达的"道"

● 人物光影

朱利安·格拉克（1910—2007），法国作家，公认的超现实主义作家的代表。早年就读于巴黎高等师范学校和政治学院，后执教多年，为历史和地理教授。1938年，发表第一部小说《在阿尔格勒城堡》。1951年，《沙岸》一书出版，但克拉克拒绝接受龚古尔文学奖，并批评滥发文学奖的活动，引起很大反响。主要著作有：长篇小说《阴郁的美男子》《城中阳台》，散文诗集《大自由》，评论《厚皮文学》，随笔《边读边写》。

我15岁时，在一本文学教科书中读到有关司汤达的几行文字（大概有七八行，不会再多）。对这位作者我一无所知，也从未听到过他的名字。这几行文字涉及泰纳对他的评价，我记得提到司汤达用字精确，擅长心理描写。这寥寥几行介绍激发我的好奇心，我既喜欢又不喜欢这书名和作者的名字。那个时代，一名中学寄宿生是无法得到司汤达的著作的。这位号称"犬儒派"作家的名字散发硫黄味，"街道图书馆"不备他的作品。我要求父母——这是我第一次提出此类要求——给我买这本书，可他们从未听说过这本书，毫不犯难。几天后我就得到这本书了，是绿色封面的两卷本。我现在还偶尔去翻阅。每章的标题和题词令我惊喜（我对分成章节的书，每章的标题，尤其对章前引用的题词，天生有种偏爱）。刚一展卷，就有一股难以形容的欢快、放肆、狂热的劲头涌上脑袋，令我醺醺然。翻看几页以后，我整个儿被迷住了。读完一遍，我立即从头开始，再读一遍。一而再，再而三。在高二那一年，这本书整整一年没有离开自习室里我那张课桌深处。

每晚5点半—7点半，与其说我在用功，不如说在吊自己的胃口；7点半—8点，我打开这本神奇的书，在毛毯上就座。这一学年年终，只要有人在我面前任意念出书中某句话，我能几乎一字不差地背出接下来的半页文字。比起超现实主义，《红与黑》更使我大大突破了世俗之见。在这以前，一直信服世俗之见，每天晚上打开这绿色封面时，我便置身于一种和平、宁静的智性与感情的反抗状态之中，反抗作为理应赞同的东西给予我一切，而我曾照单全收。我以读这本书来反抗我周围的一切，反抗人们向我灌输的一切，犹如于连·索黑尔用读《回忆录》来反抗社会，反抗维列叶城的信条。可是，这一普遍的抗拒不带暴力，不是反叛，它不过是告辞、离别、冷静的后退。

我想我有40年没有重读《红与黑》了，如此深沉的遗忘对我是个提醒，是个警告，因为这等于遗忘了爱情。《红与黑》是我的文学初恋，一种野性的、心醉神迷的、排他的恋情，任何其他恋情都不能与之相比：我要回忆的就是这个恋情本身，而不是其对象。（当然，这个对象永远令人叹服）

赫姆林

读书的经历

● **人物光影**

赫姆林（1919— ），德国作家。生于开姆尼茨一犹太人家庭。曾在国内从事反法西斯地下斗争。1937年，参加反西班牙佛朗哥的国际纵队。1939年，加入法国军队同德国法西斯作战。法国沦陷后被捕，获救后前往瑞士。1945年，回国后在法兰克福电台当编辑。1947年，迁居柏林。主要著作有：诗集《大城市的十二首叙事谣曲》，中篇小说《瓦尔腾堡的约克少尉》《一个画家在巴黎旅游》，自传体散文《暮色集》，随笔集《前列》。

在我早年的阅读经历中，有两件事，出于完全不同的理由，使我永志不忘。头一件涉及一本书，或者说几本书，这本书，或者说这几本书便是《一千零一夜》，此外还有安徒生的《没有画的画册》和《皮袜子》。这些截然不同的作品，界限和边缘都是模糊不清的，都是你中有我，我中有你。在我看来，那些被描写的人物和故事情节，并不十分重要，重要的是人物活动时所想象的地点、时间和气氛。

把气氛看得高于书里讲述的故事，或者像人们说的那样，在一个既定的文本里，可以读出另一个故事，是书中的插图助长了我的这种嗜好。在我经常阅读的那本《格林童话》里，有一幅画着山坡草地的插图，那草地缓缓地伸向淡蓝色的天空，天上漂浮着几朵白云。有一些童话人物悄悄地爬过这片山坡草地，隐伏在山冈后面，这寂静的气氛着实令我神往。成年以后，我曾经到过几座近东城市，到处寻找书中的那些小巷和集市，在那里人们慢慢腾腾地打发着快活而闲散的生活。自我读过《一千零一夜》之后，头脑里就不断闪现出集市夜晚那宝石般的红色炭火，卖水小孩在昏暗的阴影里穿行。凉爽的早晨，太阳挂在深蓝的天空中，下面是一排排的高墙窄巷，我久久地伫立在街头讲述童话的人们的身旁。

另外一件事是，在我13岁时，一个偶然的机会，阅读了《共产党宣言》。起初，吸引我的是这部书富有诗意的风格，而后便是书中蕴含的深刻哲理。在后来的岁月里，我至少读过20几遍。在3个国家，我听过我的老师赫尔曼·顿克尔讲授这部宣言。据说，顿克尔能够从头至尾背诵这部著作。他们那一辈人在谈起马克思主义理论时，眼眶里常常是噙着激动的泪水。这部著作引导我研读了马克思主义文献中那些理论更艰深、规模更大的作品，其间我总是不断地回过头来重新读它。我一向认为，对这部著作是了如指掌的。大约在50岁时，我却惊异地发现，在我历来觉得是明白无误的那些话里，隐含着更深刻、更伟大的哲理。

我不记得是从什么时候开始理解原著中的话语的。我之所以有这样理解，是因为这些话语符合我当时对世界的理解。原来，我也在某种程度上，在一个文本里读到了另一个文本。这就是我自己的想法，因为一句话会暗示出另外的话。在我的头脑里，有一种认识，有一种预感，期待已久的一部著作，突然间重新出现在我的眼前。

吉 辛
为书牺牲

● 人物光影

乔治·吉辛（1857—1903），英国小说家。曾在曼彻斯特欧文斯学院学习，因被学校开除而生活贫困。1876年，流落美国，在《芝加哥论坛报》上发表短篇小说。1880年，回到英国，担任教师和编辑，开始创作长篇小说。他崇拜巴尔扎克，立志写作一系列小说。为此，他一生写了22部小说，深刻揭示了贫困和不平等的社会现实。他的作品因准确而详尽地描写伦敦下层生活而具有文献价值。主要著作有：长篇小说《新格鲁勃街》《亨利·赖依克罗夫特私信集》，文学评论《狄更斯研究》。

每当我检视自己的书架时，便记起兰姆的《褴褛的老兵》。这并非由于我所有的书都是从旧书摊中购来的，很多书都很整洁，书皮崭新；有些书，装订精美，发出芳香。但由于我经常搬迁，我的小小图书馆每次变换地方时，都受到了粗鲁的待遇。说实话，在平常的时间，我很不注意它们的安全，（因为在处理实际事务时，我这个人总是疏懒与不称职），甚至我最精致的书本，也由于不爱惜，而留下了破损的痕迹，不只一本书，在装箱时被大钉子划破而受到严重损伤。现在，由于我有闲暇的时间与平静的心境，我发觉自己变得越来越细致了——这说明了一个伟大的真理：境遇好就易于养成美德。不过我得承认，一本书只要没有松散，对于它的外形，我是不太在乎的。

我认识一些人，他们对阅读从图书馆借来的书与阅读从自己书架上取来的书，都同样地感兴趣。对我来说，这是可以理解的。我熟悉自己每一本书的气味，只要把我的鼻尖放在书页之间，我便会记忆起各种往事。例如，我的几本装帧得很精美的8卷米尔曼版本。这部书我曾一再阅读了30多年。我每次打开书本，都会闻到书页的香味，每次都会使我忆起当我把它作为奖品接受时的那个欢欣鼓舞的时刻。还有我的莎士比亚，伟大的剑桥版的《莎士比亚全集》——它的气味把我带到更为遥远的往昔。因为这些书属于我的父亲，在我还未长大到能读懂此书之前，作为对我的一种爱抚，父亲经常准许我从书架上把它取下，让我恭恭敬敬地翻弄书页。该书现在闻起来与往时的气味完全一样。当我手握一卷时，心中便产生一种奇异的亲切感。正因如此，我不经常翻莎士比亚的这个版本。我的眼力像以往一样好，我总是读环球社出版的《莎士比亚》。此书是在把购买此种书看作是过分奢华的日子里买来的，由于我牺牲了别的享受而购买此书，因此，我对这部书具有特殊感。

"牺牲"——我用此字并非按照一般交际用语的含义，我购来的数十部书，所用的钱原本应用于购买我们称之为生活必需品之类的那些东西。有很多次，我伫立于书摊前，或书铺窗前，究竟是满足智力上的需求还是满足身体上的需要，内心犯难不止。有时在饥肠辘辘，就要吃饭的时刻，我看到一部渴求已久的书而停步伫立，价格很便宜，我爱不释手，然而买了它，就意味着要饿肚皮，海因的《蒂布拉斯传》便是在这样的时刻被我买到的，该书摆在古德乔街旧书摊上——从这个书摊一大堆废旧物中，时常可以找到极其宝贵的珍品。该书的价格是6便士——只有6个便士！那个时候，我习惯在牛津路一间咖啡馆用午餐（当然这是我的正餐）。这间咖啡馆是一间地道的老咖啡馆。我想，像这样的咖啡馆现在可找不到了。当时，我的口袋里只有6个便士——是啊，这是我在这世界上的全部财产，6便士可以买一盘肉与青菜。但我不敢期望《蒂布拉斯传》可以等候我到明天，而到那时我会有一笔小小的收入。我在行人道上慢慢地走着，用手指在衣袋内数着这些铜币，眼睛盯着书摊，两种欲望在心中较量。我终于买下了这本书，并把它带回家了。我一面用早餐剩下的面包牛油作午餐，一面用贪婪的眼睛盯着内容充盈的书页。

卡尔维诺

经典是什么？

● 人物光影

　　卡尔维诺（1923—1985），意大利新闻工作者、短篇小说家、作家。奇特和充满想象的寓言作品，使他成为20世纪最重要的意大利小说家之一。卡尔维诺出生于古巴哈瓦那附近圣地亚哥的一个名叫拉斯维加斯的小镇。童年时离开古巴回到意大利圣莱莫。1942年，高中毕业后在都灵大学农学系就读。第二次世界大战期间，在纳粹德国占领意大利的时间里，卡尔维诺与弟弟积极参加了当地游击队组织的抵抗运动。卡尔维诺十几岁开始创作寓言、诗歌和戏剧。主要著作有：《蜂巢小径》《树上的男爵》《守门人和其他》。

经典，是我们常听人说"我在重读……"而不是"我在阅读……"的那类书。

我们将人们读了爱不释手、加以珍藏的书籍视为经典，但并非只有那些有幸初次阅读它们的人才精心珍藏它们、欣赏它们。

经典具有特异的影响力，它们不可能从头脑中清除，它们潜藏在大脑的记忆层中，披上了集体或个体无意识的衣装。

每一次重读经典，就像初次阅读一般，是一次发现的航行。

每一次阅读经典实际上都是一种重读。

经典从来不会说，"它该说的已说完了"。

经典带着以往的阅读痕迹传承给我们，并且带着它们本身留给世人的文化，或者更明白地说，语言和习俗的痕迹。

经典不一定教给我们以前不懂的东西。在经典中，我们有时发现的是某种自己已经知道(或者以为自己知道)的东西，但不知道是该作者率先提出的，或者至少以一种特殊的方式与其联系在一起。这同样是一种带给我们莫大欢愉的惊喜，就像我们总能从对血统、亲属关系和姻亲关系的发现中获益一样。

通过阅读经典，我们感到它们远比传闻中所想象的更新鲜、更出乎预料、更不可思议。

我们冠之以经典的书籍具有一种类似的总体形式，可与古代的法宝相提并论。根据这一界定，我们正在趋近马拉美所构想的"全书"的境界。

经典作家是那类你不可能置之不理的作家，他有助于界定你与他的关系，即便你与他有分歧。

经典只有与其他经典相权衡才能确定，但任何人都是先读了其他经典，然后才读它的，因而立刻就能在族谱上确认其地位。

经典是这样一种东西，它很容易将时下的兴趣所在降格为背景噪音，但同时我们又无法离开这种背景噪音。

经典是随背景噪音而存在的，哪怕在截然对立的兴趣控制着局面时，也是如此。

梅 筠

唯向书中觅知己

● 人物光影

梅筠（1949至今），新加坡女作家。生于中国广东潮安区，幼年移居新加坡。1971年，毕业于新加坡教育学院。主要著作有：短篇小说集《樱桃枝之梦》《墙》。

爱书虽不致成狂，嗜书却已如命。近一两个月来，把自己囚于斗室中，让思维似一匹脱缰的野马，一条入水的游鱼，又若一只展翅的小鸟，自由自在，无拘无束，于知识的草原驰骋，于广漠的学海里洄游，于无涯无尽的蓝空遨飞。而后，冥想，冥想着一个个的人生道理，再把罗素、叔本华、尼采的人生哲理，串成了一首长长的歌。

听说玩物会丧志，而沉浸于书中不知是否会走入魔道？若果会，那么，就让我入了魔道吧！然后断我筋脉，废我武功。而后，我将背负书本，纵身跃进书海里。

灯晕覆盖，黄圈圈，于低矮的案旁，我一卷在握，忘了今夕何夕？世俗的烦琐，尘寰中的纷争，人群中龇牙恶笑的虚伪，阿谀奉承的媚眼，我何必匿藏于心中，磨灭心志？

窗外，清风掀帘，好风如水，好月如流，莹莹月色中，一个孤寂的声音，由远而近，由近而远，那是谁？是一个孤独的夜归人？一个被遗弃者？是一个无家可归的醉汉？翻开书，窗外月光泻进来，一页页温馨的书页传来了一股沁人心脾的清凉意；我漫步于静寂的秋月下，听到琴声缓起，轻轻地滑落银盘，锵锵有声；我又似驾着一叶小舟，航行于汹涌澎湃的茫茫大海中，于狂风暴雨的吹打下，无法力挽狂涛，就在这千钧一发之际，远处射来了一道光线，原来却是灯塔，希望、光明就在前方。

世态本就炎凉，人情薄若脆纸，一戳即破。世情冷暖，像乍起的冬风，又若闷热的长夏，乍冷乍热。唯独书，才是可爱的良伴，不必惧怕她的善变，不必惧怕她的言而无信。书，她总是默默地、忠心耿耿地，像一位良师，像一位益友，随时伴在左右，擎着一盏引路的明灯。

曾把书比喻为自己的第二生命，在我饱尝无情冷眼时，唯有向书中觅知己。

尼　采
避难于书籍

● 人物光影

弗里德里希·威廉·尼采（1844—1900），德国著名哲学家，西方现代哲学的开创者，同时也是卓越的诗人、散文家。生于普鲁士萨克森省的勒肯镇。1864 年，入波恩大学攻读神学和古典语言学。不久舍弃神学，脱离基督教。1869年，任瑞士巴塞尔大学哲学教授。1879年，旅居法国、意大利，从事哲学研究和写作。主要著作有：《悲剧的诞生》《查拉图斯特拉如是说》《权力意志论》《善恶的彼岸》《道德体系论》。

　　埋头工作之时，在我这里看不到一本书，我禁止任何人在我旁边说话甚或默想，而这就叫阅读。人们可曾注意到，在那种因孕育而使精神和整个机体所隐入的至深紧张中，偶然事件和外来刺激，会产生格外猛烈的作用，会造成格外深重的"打击"？一个人必须尽可能避开偶然事件和外来刺激，自筑壁垒是精神孕育的第一本能和第一智慧。我要让一种别人的思想偷偷越过壁垒么？这就叫阅读。在工作和丰收的时辰之后，便是休养的时辰：你们来吧，愉快的书籍，机智的书籍，聪颖的书籍！——那会是德国书籍吗？我必须回溯到半年前，我随手抓到了一本书，那是一本什么书？——维克多·勃罗查德的杰作《希腊怀疑论者》，我的《第欧根尼·拉尔修》在其中也很好地得到了运用。怀疑论者，模棱两可的哲学家，民族中唯一可尊敬的类型！

　　我几乎总是避难于这些人的书籍，避难于为数甚少的恰好为我提供的书籍。读得多而杂也许不合我的天性，一间阅览室亦会使我生病。爱得多而杂同样不合我的天性，提防甚至仇视新书，比起仇视"容忍""心胸开阔"以及别的"邻人爱"，更早化作了我的本能。归根到底，只有少数几个过去的法国人使我流连忘返。我只相信法国教养，而把欧洲自称为教养的一切看作误会，更不必说德国教养了。我在德国所遇见的少数高等教养的例子，全都是法国血统，尤其是柯西马·瓦格纳夫人，在趣味问题上绝对是我所知道的第一流的。

　　我不是读过，而是爱上了帕斯卡尔，爱他之作为基督教精神的富有教益的牺牲品，慢慢地被宰割，先是在肉体上，然后是在心灵上，这惨无人道的恐怖程式的整个逻辑，在我的心灵里，谁知道呢，或许也在我的肉体里，有一些蒙田的任性。我的艺术家趣味捍卫着莫里哀、高乃依和拉辛的名字，而对莎士比亚这样粗暴的天才不无痛恨。

　　最后，这一切并不妨碍我也把新近的法国人看作可爱的友伴。我完全不知道，历史上有哪一个世纪，如此好奇又如此精微的心理学家济济一堂，像今日的巴黎那样。我试着举出——因为他们的人数实在不少——保罗·布尔热、皮埃尔·洛蒂、吉普、梅雅克、阿那托尔·法朗士、朱尔·列梅特尔等诸位先生，或者为了突出强健种族中的一员，举出我特别喜欢的一位真正的拉丁人，居伊·德·莫泊桑。我偏爱这一代人，即我们之中的人，乃至大师。

潘铭燊

"书奴"搬家记

● 人物光影

　　潘铭燊（1945至今），原籍广东中山，毕业于香港中文大学，后赴美留学，获硕士及博士学位，返港执教。1989年移居加拿大。有散文集及多种学术专著问世。

　　为了搬家，筹备经年，搜集购置必需的材料。首先是搜罗纸盒。这一年间，我一瞥见废物堆就喜形于色，神经失常地载歌载舞，像捡破烂的一样东翻西寻。为使我的书寄居得舒适，对纸盒不能不严格要求，肮脏的不要、变形的不要、洞穿的不要、奇形怪状的不要，所以常常失望而回。终于，还是采取了简单而行之有效的方法，向搬运公司购买了几百个纸箱。这些大小划一的纸箱，堆叠起来既安稳又节省空间。然后就是其他材料，樟脑饼、封装胶纸，等等，买了各种各样一大堆回来，像消费者委员会一般做了产品试验。决定采用哪一种之后，为免到时售缺，于是预先抢购，有如囤积居奇的奸商。

　　搬家前3个月就陆续装箱。首先把书籍分类，但这次分类不按内容，而按书的大小长宽。（记得参观牛津大学东方书库，所见书架排得整整齐齐，紧紧密密，就是按书的高度排列的）。我把长宽相同的书同装一箱，一来充分利用箱中空间，二来纸箱充盈结实，堆叠起来不会出现"比萨斜塔"。不少人批评中文出版物——尤其中国内地的书刊——过于整齐划一，不是16开本，就是大32开本，或是小32开本，单调得很，殊不知这是大大的美德。我装箱至英文书时，100本中就有40多种尺寸，头痛得很。起初，像童子军行军一样，我规定自己每天不装一箱誓不上床睡觉。

　　把书本一部部各归其所时，还可写意地翻阅一下，像故友重逢，或旧情复炽，时或仔细读上几页。书脊破损的，还可用书籍修补器（Book Mending kit，朋友戏称这是我的玩具）修补修补。纸箱充满之后，贴上胶纸密封好，看着书箱一个个四平八稳，像完美的艺术品，我不禁心满意足，上床安枕而睡。到得后来，倒数日子逐渐迫近，再不能慢工细活地延挨了。夜以继日高速生产的那几天，我不但不在装箱之前把书浏览一下，甚至不能维持书箱的艺术品水准。《圣经》记载上帝创造万物，最后造女人，这一定是门徒的笔记有误。以我的经验，疲累的长期工作之后，最后的产品不可能是艺术品的。

书奴搬家的高潮，当然是"搬"那个大关节了。目睹搬运工友汗如雨下，我想起陶渊明时训子的话"此亦人子也"，不禁暗叫惭愧，所以当他们劳累之余，对我的书说了些不敬的话，我也不以为忤。

工友的话虽然粗鄙，但有一句他们却讲得真确："这哪里是搬家，这简直是搬图书馆！"

培　根

读书使人充实

● 人物光影

弗兰西斯·培根（1561—1626），英国哲学家、政治家、散文家、科学家。出生于伦敦新贵族家庭。父亲是英女王的掌玺大臣。1573年，培根入剑桥大学三一学院，学习神学和形而上学，以后又转学法律。曾任女王特别法律顾问、掌玺大臣、大法官和上议院议长等要职。培根是近代实验主义哲学的始祖，在哲学史上影响巨大。在著作中，培根批判了中世纪的经院哲学堵塞了人们认识自然的道路，禁锢了人们的思想。培根在文学上的贡献是创作了58篇《随笔》，开创了英国散文发展的新篇章。主要著作有：《学术的进展》《新工具论》《论说文集》《亨利七世本纪》《论事物的本性》《迷宫的线索》《各家哲学的批判》《自然界的大事》《论人类的知识》《培根论人生》。

读书可以作为消遣，可以作为装饰，也可以增长才干。孤独寂寞时，阅读可以消遣。高谈阔论时，知识可供装饰。处事行事时，正确运用知识意味着才干。懂得事物因果的人是幸运的。有实际经验的人虽能够处理个别性的事务，但若要综观整体，运筹全局，却唯有学识方能办到。读书太慢会弛惰，为装潢而读书是欺人，只按照书本办事是"呆子"。

求知可以改进人性，而经验又可以改进知识本身。人的天性犹如野生的花草，求知学习好比修剪移栽。学问虽能指引方向，但往往流于浅泛，必须依靠经验才能扎下根基。狡诈者轻鄙学问，愚鲁者羡慕学问，聪明者则运用学问。知识本身并没有告诉人怎样运用它，运用的智慧在于书本之外。这是技艺，不体验就学不到。

读书的目的是认识事物原理。为挑剔辩驳去读书是无聊的，但也不可过于迷信书本。求知的目的不是为了吹嘘炫耀，而应该是为了寻找真理，启迪智慧。

书籍好比食品，有些只需浅尝，有些可以吞咽。只有少数需要仔细咀嚼，慢慢品味。所以，有的书只要读其中一部分，有的书只需知其中梗概，而对于少数好书，则要通读，细读，反复读。

有的书可以请人代读，然后看他的笔记摘要就行了。但这只应限于不太重要的议论和质量粗劣的书。否则一本书将像已被蒸馏过的水，变得淡而无味了！读书使人充实，讨论使人机敏，写作则能使人精确。

因此，如果有人不读书又想冒充博学多知，他就必须很狡黠，才能掩饰无知。如果一个人懒于动笔，他的记忆力就必须强而可靠。如果一个人要孤独探索，他的头脑就必须格外锐利。

读史使人明智，读诗使人聪慧，演算使人精密，哲理使人深刻，道德使人高尚，逻辑修辞使人善辩。总之，"知识能塑造人的性格"。

不仅如此，精神上的各种缺陷，都可以通过求知来改。善——正如身体上的缺陷，可以通过适当的运动来改善一样。例如，打球有利于腰背，射箭可扩胸利肺，散步则有助于消化，骑术使人反应敏捷，等等。同样，一个思维不集中的人，他可以研习数学，因为数学稍不仔细就会出错。缺乏分析判断力的人，他可以研习形而上学，因为这门学问最讲究烦琐辩证。不善于推理的人，可以研习法律案例，如此等等。这种种心灵上的缺陷，都可以通过求知来治疗。

萨 特

图书室——我的世界

● 人物光影

　　让·保罗·萨特（1905—1980），法国哲学家、文学家。生于巴黎一个军官家庭。1924年，入巴黎高等师范学校攻读哲学，24岁通过中学教师就业考试，后在巴黎等地从教多年。1933年，赴柏林法兰西学院进修。第二次世界大战期间应征入伍，在作战中被德军俘虏，获释后参加法国地下抵抗运动。萨特是法国战后重要文学流派——存在主义的倡导者，他主张"介入文学"，即作家要投身到改造社会的活动中去，作品要干预生活。主要著作有：小说《恶心》《自由之路》《理性的年代》《缓期执行》《心如死灰》，剧本《群蝇》《密室》《恭顺的妓女》《死无葬身之地》《肮脏的手》《恶魔与上帝》，哲学专著《存在与虚无》《存在主义是一种人道主义》《辩证理性批判》。

　　图书室就是一面镜子中反映的世界，它有无限的深度，变化无穷，不可预料。我开始了难以令人相信的冒险：我爬到椅子上、桌子上去够书，不怕书会像雪崩似的倒下来把我埋起来。书架高层上的书我好长时间仍然够不到，有些书我刚刚发现就被人从我手里夺走了，还有一些书藏了起来。我拿到书，便读了起来。有时我以为把书放回到原来的地方，却经常是经过一个星期以后才再找到它们。我看到了一些可怕的东西：我打开一本画册，看到一张彩色插图，上面有非常难看的昆虫，好像在蠕动。我趴在地毯上通过读封特耐尔、阿里斯托芬、拉伯雷来打法枯燥无味的旅行。那些句子和那些东西一样让我看不懂：必须注意观察它们，绕圈子，假装离开、突然回来，在它们不戒备的时候逮住它们。不过在大部分情况下，它们仍保持了自己的秘密。我成了拉佩鲁斯、麦哲伦、瓦斯科·德加玛。我发现了一些奇怪的土著居民：在特伦斯用12音节诗翻译的作品里发现了"埃欧冬狄毛鲁门诺斯"人，在一部比较文学的著作里发现了"特异反应"人。一些佶屈聱牙的词如"尾音节省略""交错配列法""无瑕宝石"，还有许许多多难以理解、闻所未闻的怪词儿，突然出现在某页的什么地方，只要这些字一出现，整个段落都变得支离破碎了。这些艰涩而隐晦的文字，我只是在10年或15年之后才懂得它们的含义，甚至直到今天，它们仍然是不可理解的，它们构成了我的记忆的腐殖质土。

图书室里的书无非都是些法国和德国的伟大经典作家的作品。还有一些语法书，几本著名小说，莫泊桑短篇小说选，一些艺术品——一幅鲁本斯画、一幅凡·戴克画、一幅迪耶勒画、一幅伦布朗特画——这都是我外祖父的学生送他的新年礼物。这是个狭小的天地。但是，大拉露斯词典为我取代了一切：我随意地在写字台后面倒数第二层的书架上拿了1册，上面标有 A—Bello，Belloc—Ch 或 Ci—DMele—Po 或 Pr—Z 等字母（这些字母的组合变成了专有名词，它们各自表示普通常识的某些方面，比如有 Ci—D 区、Pr—Z 区，以及它们所代表的那个区域的动物和植物，那个区域的城市，伟大人物以及他们参与的战役，等等）。我把这册书放在外公用的吸墨纸的垫板上，我翻开这册书，在里边发现了各种各样的真实的鸟类，我在里边捕捉真实的蝴蝶，它们都落在真实的花朵上。人和动物都在里边，活灵活现，那些版画是它们的躯体，那些说明文字便是它们的灵魂，展示它们的各自独特的本质。实际上，还有一些模糊的草图，多少有点像真实的样子，虽然尚不完美。这可能是因为动物园里，猴子不大像真猴子，在卢森堡公园里，人也不大像真人的缘故。我的精神状况是属柏拉图学派式的，习惯从概念客体入手。我从概念上能发现更多的真实性，而不是在客体实物上，因为我首先有的是概念，也因为概念对于我像客体实物一样。我是从书本上认识宇宙的，理解它，把它加以划分，给予名目，加以思考。

史密斯

书籍的三种职责

● 人物光影

　　史密斯（1892—1934），美国幽默作家。童年时代在得克萨斯州度过。第一次世界大战期间在海军服役。主要著作有：《她倒下了吗》《上帝的夜生活》《转身》《主教的保镖》《皮与骨》。

　　书籍的职责，最低限度有三方面：它给我们见闻；它激励、感悟、启发我们；它升华那些使我们把持不定的欲望和冲动。

　　它给我们见闻。它把前人的错误显示出来，又和我们共领人类成功的秘方。没有一件事情书籍不能帮我们把它做得更好。书籍告诉我们如何自在地过独身日子，或教我们如何享受美满婚姻的生活。它教我们管账，修理机器，建筑房屋，谈情说爱，开垦田地，以至去掉额上的皱纹。它使我们得到一切见闻：从如何合法地勤劳致富到虔诚地赞颂上帝。不过，如果仅限于狭窄的目标，我们仍然和猴子差不多。书籍给予我们见闻，见闻虽然不可或缺，但也绝非灵丹妙药。知识是必要的，但并不充分。生命除了是科学之外，还需要行动！

　　它激励、感悟、启发我们。不加以应用的知识等于废置的木材，只会永远阻碍道路。我们需要一种意志，来给予我们原有的资源一种活力。这种意志，就是书籍所给予的激励、感悟和启发。像记忆把我们的现实扩展到过去的领域中一样，想象可以使我们的现实包容一个无限的未来。有了远景，我们的生命便活在遥远的星光下。这些星光，以我们目前的工作能力来预测将来数代人对我们的评判。有人曾经崇高地说，有想象的人，"已经享受到了天堂的一切快乐，知道了地狱的一切苦楚"。只有激励、感悟和启发才能尽量发挥我们的所能。这样，在灵性生活中，文艺就不会比一切科学逊色了。

　　它升华那些使我们把持不定的欲望和冲动。书籍给予我们升华之感。这个世界对于我们实在是太复杂了。我们要把感情施于这世界的事物上，愈来愈困难到近乎不可能。如果在黑暗里你碰到一张椅子，你可以回身踢它一脚，这么一来你的气便会平下，虽然你的脚趾也许也踢肿了。在这个过度组织的复杂世界上，我们哪里去找那搅扰过自己的人呢？我们甚至不认得他们。升华就是从别的替代物上零碎地抽干我们的不幸，而书籍能供给我们多少代替对象啊！小说里的恶汉可以让你"枪杀"，远比你把一肚子的怨气都发泄在自己身上，或是弄到颓丧不堪的地步好多了。在我们的文学遗产中，有涤清万虑的书籍，有褪色的从往昔传下来的圣书，现在又有通俗的惊险壮举或者前程远大的书籍。还有诗人们，他们带来的财宝更多了！

我读过的书，以及我没有机会读的书，都使我觉得非多读、再读一些不可。所以，我从小就决心穷一生之力读尽天下的书。书籍是最好的朋友，而这一点，也许正是它们给予现代人类最好的礼物。

叔本华

思想在赏读经典中睿智

● 人物光影

亚瑟·叔本华（1788—1860），德国哲学家，唯意志论的创始人。生于但泽（今波兰的但革斯克）。1809 年，入哥廷根大学学习医学。1811 年，入柏林大学，攻读哲学。1814 年，获耶拿大学哲学博士学位，任柏林大学哲学讲师，辞职后移居法兰克福。主要著作有：哲学专著《作为意志和表象的世界》《论自然意志》《伦理学中的两个根本问题》，文学专著《随笔与箴言》。

我们读书时，是别人在代替我们思想，我们只不过是重复他的思想活动的过程而已，犹如儿童启蒙习字时，按照教师以铅笔所写的笔画画葫芦一般。因此，我们暂不自行思索而拿书来读时，会觉得很轻松，然而在读书时，我们的头脑实际上成为别人思想的运动场了。所以，读书而不加以思考，绝不会有心得，即使稍有印象，也浅薄而不生根，大抵在不久后又会淡忘丧失。

温习是研究之本。任何重要的书都要立即再读一遍，一则因再读时更能了解所述各种事情之间的联系，知道其末尾，才能彻底理解其开端；再则因为重读时，在各处都会有与初读时不同的情调和心境，因此所得的印象也就不同，犹如在不同的照明中看一件东西一般。

道理相同，一条弹簧如久受外物的压迫，会失去弹性，我们的精神也是一样，如常受别人的思想的压力，也会失去其弹性。况且被记录在纸上的思想，不过是像在沙上行走者的足迹而已，我们也许能看到他所走过的路径，但我们想要知道他在路上看见些什么，则必须用我们自己的眼睛。

在文学中，也有无数的坏书，像蓬勃滋生的野草，伤害五谷。它们原是为贪图金钱，营求官职而写成，却使读者浪费时间、金钱和精神，使人们不能读好书，做高尚的事情。这不但无益，而且危害甚大。

因此，我们读书之前应牢记"绝不滥读"的原则，不滥读是有方法可循的，就是不论何时凡为大多数读者所欢迎的书，切勿贸然拿来读。你要知道，正享盛名，或者在一年中发行了数版的书籍，不管它是政治性、宗教性的文本还是小说或诗歌，凡为"愚者"所做的是常会受大众欢迎的，不如用宝贵的时间专读已有定评的名著，只有这些书才是开卷有益的。

不读坏书，没有人会责难你，好书读得多，也不会引起非议。坏书有如毒药，足以伤害心神——因为一般人通常只读新出版的书，而无暇阅读先贤的睿智作品，所以连作者也仅停滞在流行思想的小范围中，我们的时代就这样在自己所设的泥泞中越陷越深了。
有许多书，专门介绍或评论古代的大思想家，一般人喜欢读这些书，却不读那些大家的原著。这是因为他们只顾赶时髦，其余的一概不理会，又因为"物以类聚"的道理，他们觉得现今"庸人"的浅薄无聊的话，比明哲先贤的思想更容易理解，所以古代名作难以入目。

我很幸运，在童年时就读到了施勒格尔的美妙警句，以后也常奉为圭臬，"你要常读古书，读古人的原著，今人论述他们的话，没有多大意义"。

没有别的事情比读古人的名著更能给我们带来精神上的快乐。我们一拿起这样的古书来，即使只读半小时，也会觉得无比的轻松、愉快、清净、超逸，仿佛汲饮清冽的泉水般舒适。这原因，一则是由于古代语言之优美，再则是因为著者眼光之深远及思想之深邃，其作品虽历数千年，仍无损其价值。高级的精神文化，往往会使我们逐渐达到另一种境界，从此可不必再依赖他人以寻求乐趣，书中自有无穷之乐。

泰戈尔
为图书馆所作的诗(节选)

● 人物光影

　　罗宾德拉纳特·泰戈尔（1861—1941），印度近代文学奠基人、诗人、小说家、社会活动家。17岁时，赴英国学法律，后入伦敦大学攻读英国文学，并研究西方音乐。1880年，回国后专事文学创作。泰戈尔14岁发表诗歌，19岁成为职业作家。主要著作有：诗集《暮歌》《晨歌》《刚与柔》《心中的向往》《两亩地》《金帆船》《缤纷集》《梦幻集》《奉献集》《吉檀迦利》《园丁集》《新月集》《飞鸟集》《非洲集》《生辰集》，短篇小说《戈拉》，长篇小说《沉船》。

　　谁如果锁住茫茫大海千百年的惊涛骇浪，使之像甜睡的婴儿一样悄无声息，那么，这静穆的海浪可谓图书馆最贴切的比喻。图书馆里，语言是静寂的，流水是凝滞的，人类不朽的性灵之光，被乌黑字母的链子捆绑，投入纸页的大牢。无法预料它们什么时候突然举行暴动，打破死寂，焚毁字母的栅栏，冲到外面。好似喜马拉雅山头上覆盖的冰川中拘禁着滔滔洪水，图书馆里也仿佛围堵着人心的江河。

　　人用电线禁锢电流，可有谁知道人把"声音"关在"静默"里！有谁知道人把歌曲、心中的希冀、清醒的灵魂的欢呼、神奇的天籁包在纸里！有谁知道人把"昔日"囚禁于"今日"！有谁知道人仅用一本本书在深不可测的岁月的海面上架起了一座壮丽的桥梁！

　　进入图书馆，我们伫立在千百条道路的交叉点上。有的路通往无边的海洋，有的路通往延绵的山脉，有的路向幽深的心底伸展。不管你朝哪个方向奔跑，都不会遇到障碍。在这小小的地方，软禁着人的自我解放。

如同海螺里听得见海啸，你在图书馆听见哪种心脏的跳动？这里，生者与死者同居一室；这里，辩护与反驳形影不离，如孪生兄弟；这里，猜忌与坚信，探索与发现，身子挨着身子；这里，老寿星与短命人耐心而安宁地度日，谁也不歧视谁。

人的声音飞越河流、山峦、海洋，抵达图书馆。这声音是从亿万年的边缘传来的！来吧，这里演奏着光的生辰之歌。

最早发现天堂的伟人对聚集在四周的人说："你们全是天堂的儿子，你们身居仙境阆苑。"伟人洪亮的声音变成各种文字，袅袅飘飘过千年，在图书馆里回响。

我们在原野上难道没有什么需要表达的吗？我们不能为人类社会送去一则喜讯？在世界大合唱里，唯独我们保持沉默？

我们脚边的沧海没有什么话对我们倾吐？我们的恒河不曾从喜马拉雅山携来盖拉莎的仙曲？我们头上没有无垠的蓝天？天幕上繁星书写的无穷岁月的灿烂文字被人抹掉了？

过去、现在，国内、国外，每天给我们送来各民族的许多信函。我们只能在两三份蹩脚的英文报纸上发表文章作为答复？其他国家在无限时空的背景上镌刻自己的名字，我们的姓名只配写在申请书的副本上？人的灵魂同可憎的命运展开搏斗，世界各地吹响的号角呼唤着战士，我们却成天为菜园里竹架上悬吊的葫芦打官司？

沉默了许多年之后，我们大地的生命已经充实了。让它用自己的语言讲述抱负吧，融汇了人民的心声，世界之歌将更加动听！

赵淑侠

没书就过不了日子

● 人物光影

赵淑侠（1931 至今），瑞士籍华裔作家。原籍黑龙江，生于北京。抗战期间，随家流亡四川，胜利后返沈阳、南京读中学。1960年，前往欧洲，毕业于瑞士应用美术学院，曾任美术设计师。现为瑞士作家协会会员、瑞士亚洲学会会员。1985年，被欧洲最具学术权威性质的中华文化研究机构欧华学会推选为副会长。主要著作有：《西窗一夜雨》《当我们年轻时》《紫枫园随笔》《异乡情怀》《海内存知己》《赵淑侠自选集》、《战士与家园》《翡翠色的梦》《雪峰云影》，长篇小说《我们的歌》《塞纳河畔》《漂泊的爱》。我在很多事情上都表现得不是个有恒心的人，就说写作一项，也是今天打鱼明天晒网，写着写着忽然画起画来，画着画着又掷下颜色盘写起来了。唯有对于读书一项，我可以大言不惭他说是相当有恒的。

童年时代在四川，正是抗日战争打得最艰苦的时候，别说市面上看不见什么小孩子的玩具，就是看见也买不起。我们住的那个小镇号称文化区，除了几间"大中学校"之外，最能表现文化气息的地方乃是几间书店。我那时不懂什么叫文化，不过最喜欢做的事却是串书店——因为在那里面发现了宝藏：剧本、小说、鲁迅、巴金，多么迷人啊！10岁之前我就看这些大人书籍了，童话反而是成人以后才看的。后来我家搬到一间书店的隔壁，我跟老板和伙计都弄得挺熟，借书容易得仿佛那架上满满的书全为我所有，令我颇有如鱼得水的喜悦。我那时痴迷书籍迷得废寝忘食，上了初中以后迷得更凶，老师交代的功课只见我懒洋洋地不睬不理，如果上课时不偷看小说就对他算是客气的了。这情形使父母大伤脑筋，严厉地禁止我如此下去。我白天不能看就晚上看，从此养成了"夜读"的习惯，直到现在，如果不躺在床上看看书报的话，就别想入梦。躺在软软的枕头上于阅读中浑然入梦，当然是很享受的事，但是危险性甚大，假若那书太吸引人，你读得欲罢不能，很可能就读到大半夜，说不定会读个通宵。人年轻时不在乎，年纪渐渐大起来，岂不是跟自己的健康开玩笑？所以，我认为当做父母的，发现孩子有因沉迷于看闲书而荒废课业的情形时，不要硬性地去禁止，最好能以了解的态度去疏导，什么书宜看，什么书不宜看，应该在什么时间看，用商量的方式去指引，远比严厉的命令好。凡是会"着迷""上瘾"的事都不易断绝，而看闲书最是集着迷上瘾之大成，如何能叫他不许看，他就真不看了呢？

再说，孩子们爱看书是好事，喜好看课外书的孩子绝不会去做武斗的小流氓，因此做家长和做老师的，都该鼓励孩子们看"闲书"，并且要想法子让他不妨碍课业。

读了几十年闲书，经验不可谓不丰富，觉得人看书的口味是跟着生命历程走的。童年时喜爱热闹惊险的，少年时专挑诗情画意的——少年情怀总是诗嘛！没有愁也要强说一番，青年时光看"请多带手帕"的爱情大悲剧自然是不够，要装模作样地研究哲理书籍了。否则显得太肤浅了！人到中年，诗情渐逝，也无心再造做出深奥不可一世的样子，憩淡悠远的散文集便进入生命了。

老年人多半爱看传记、历史或有关宗教的书，想来不外是辛劳了一生，人世的悲欢离合、甜酸苦辣已看尽，不愿再受人教训，作家们的生花妙笔也感动不了那颗洞明世事的心，只想在回忆、解脱和永恒之间找寻安慰了。

最愚笨的人看不懂书，最智慧的人不需要书，唯有不太笨也不太智慧的芸芸众生，没书就过不了日子。至少对我来说，如果没有书，这世界也就不成其为世界了。

阿　兰
读书之乐（节选）

● 人物光影

　　阿兰（1868—1951），法国作家、哲学家。生于诺曼底省。巴黎高等师范学校毕业后，在鲁昂、巴黎等地中学任教。1903 年，开始在《鲁昂快报》发表《漫谈》，长达 30 年，内容广博，笔锋犀利，深受读者欢迎。一生著述颇丰，涉及哲学、宗教、历史、经济、教育、音乐等诸多领域。主要著作有：《艺术体系》《思维与年龄》《斯丹达尔》《读巴尔扎克》《读狄更斯》。

读书与做梦的不同之处在哪里呢？有时候，我们感觉做梦是愉快的，于是乎就不去读书。而当做梦的可能性被某种原因破坏时，读书便成了补救的良药。当年，我的父亲由于债务累累、心中烦闷，于是便一头钻进书堆里以寻求解脱，嗜书如命几乎到了饥不择食的程度。他的行为使我受到了感染，这"感染"如今看来，使得我比那些一味苦学的书呆子们出息得多。对我来说，如果想学些什么，那一定是什么也学不进去的，即便是数学题，也只有当我像读小说一样漫不经心地去理会它的时候，才能悟出其中的名堂。总之，读是最重要的。不过，像这样懒洋洋地读书必须有充足的时间，而且手头也得有书才行。所谓"手头有书"，是说那书的位置一定要近在咫尺，如果隔了2米远，也就不会想起去读它了。所以，也难怪图书馆对我毫无神益，它毕竟不属于我呀！我于是拼命通读手头的书，而且做了不少笔记。

对我来说，了解荷马意味着手头得有荷马的书，眼下我手头就有几本斯宾诺莎的书。过去，我一向不知世界上还有梅恩·德·比兰，直到有一天一位相识将他的全集抱来放在我的案头，才晓得恩·德·比兰是何许人。而且，说句实话，我发现读他的书好比啜饮琼浆玉液，百读不厌。我对孔德的了解也是通过同样的途径，很久以前我就已将他的10卷代表作买来放在案头了。

什么叫读书呢？读书就是一行一行地读书上的字。当然，还需琢磨一页当中的整体内容。这不是我个人的经验。我发现，有不少读者跟我一样，读前一页的时候总要附带地偷看下一页讲的内容，甚至顺眼浏览一下后边的情节，好像饥饿的乞丐觊觎一块馅饼。大概可以这样断言——不过也许为时过早——读者的想象力恰似笼中之鸟，永远无法摆脱书中字词以及作品原义的束缚。当然，熟练的读者用不着咬文嚼字，不过我还做不到这一步，我虽不至于嚼字，句子总还要哑一哑的。我读书就像骑一匹马，时而纵马狂奔，时而拨马回头，不敢神驰遐想，唯恐偏离作者指出的道路。有趣的是，我仅以这种方式去读体面的出版物，也就是书籍。至于日记之类，我以为价值不大，不必认真去读。手稿就更不必说，它总使人觉得不可靠，因为它只不过是书的雏形而已，可以随意增删改动。读一本书的情况就不同了，特别是巴尔扎克的小说就更不允许你去怀疑。真的，读他的书谁也不用胡思乱想，为所欲为，只有规规矩矩，按他的路子走……这便是优秀叙述体小说的风格。作者预设圈套让读者去钻。巴尔扎克历来如此，这就是为什么反复阅读比只读一遍收效更大的原因。引起读者的猜疑、好奇和惊叹，这就是巴尔扎克小说的效果吗？一点儿不假，甚至当你读了几遍之后，这种效果竟毫无衰减。

奥　登

论读书（节选）

● **人物光影**

　　威·休·奥登（1907—1973），美国诗人，继艾略特后最重要的英语诗代表人物。生于英国约克郡。早年在牛津大学攻读文学，同时从事诗歌创作。大学毕业后，赴德国学习文学和语言。回国后，成为英国左翼青年作家的领袖。1937 年，参加西班牙的反法西斯斗争。1939 年，迁居美国，曾在多所大学执教。1956 —1961 年，担任牛津大学的诗学教授。晚年居住于纽约和奥地利。主要著作有：诗集《雄辩家》《死之舞》《看吧，陌行人》《西班牙》《另一次》《双重人》《忧虑的时代》《阿基琉斯的盾牌》《无墙的城市》。

高水平的鉴赏力在更大程度上是识别优劣的能力，而不只是排斥劣作的能力。当鉴赏力不得不采取排斥态度时，那也是怀着遗憾的、而不是愉快的心情。

　　一部作品能否给读者以乐趣，绝不是文艺评论的一个完全可靠的标准，但它是使人最少犯错误的标准。

　　孩子读书时是受乐趣指导的，不过他的乐趣都是没有多大差别的。例如，他不能分辨审美乐趣与学习乐趣或幻想乐趣之间的差别。在青年时期，我们明白有各种各样的乐趣，其中有一些是不能立即感受到的，而是需要别人来帮助我们阐释的。不论是对食物的品尝，还是对文学作品的鉴赏，成年人常常希望有一个权威的导师，并按导师的推荐的去吃、去读。而且，有时难免还要稍稍干点自欺欺人的事情。他得假装很欣赏橄榄或《战争与和平》，其实他并不能欣赏到那个程度。从 20 到 40 岁这个时期，有一个我们了解自己的过程，其中包括弄懂必然性的限制和我们本性的、必然性的限制之间的区别。我们中很少有人能不犯错误就明白这一点，我们总是不安分守己地想当个不平凡的人。就是在这个时期，一名作家最容易被另一名作家或某种思想意识引入歧途。当某个20到40岁年龄段的人谈到有关一件艺术作品时说："我知道我喜欢什么"，实际上他是说："我并没有自己的鉴赏力，只是接受了我的文化背景所给我的鉴赏力。"因为，在20—40岁期间，一个人真正具备鉴赏力的确切标志就是，他对鉴赏力并无一定的把握。在40岁以后，如果我们还没有完全失去纯真的本性，乐趣——像在儿童时期那样——则会再次正确地指导我们应该读些什么书。

虽然，艺术作品给我们的乐趣决不能和我们所享受的其他乐趣相混淆，但它和它们全有关系，因为那是我们的乐趣而不是别人的乐趣。我们所做的全部评价，不管是关于审美方面的，还是道德方面的，无论我们怎样尽量做到客观，都是对我们主观愿望的部分合理化。一个人只要在作诗或写小说，他的伊甸园之梦就是他个人的事情，一旦他开始写文艺评论，就必须诚实，因为他是写给读者看的，这样他才能使读者有可能辨别其评价是否正确。因此，我现在必须对我曾经编写的一组问题做出我自己的回答，而这些答案将在我读其他评论家的文章时为我提供所需的知识。

法朗士
曾经的读书经历

● 人物光影

阿纳托尔·法朗士（1844—1924），法国作家、文学评论家。生于巴黎一个书商家庭。早年加入帕尔纳斯派诗歌团体，发表诗集《金色诗篇》《科林斯人 的婚礼》。1881年，发表成名作小说《希尔维斯特·波纳尔的罪行》。1894年，法国政府制造"德雷福斯"案，法朗士站在民主阵营一边，和当局进行斗争，并在斗争中接受社会主义思想。1921年，获诺贝尔文学奖，同年加入法国共产党。主要著作有：《现代史话》《场边榆树》《人体服装模型》《红宝石戒指》《贝日莱先生在巴黎》，长篇小说《苔依丝》《红百合》《企鹅岛》《诸神渴了》。

伊索之后，老师让我们读荷马。我看见忒提斯像一朵白色的云从海上升起，我看见瑙西卡和她的女伴们，还有德洛斯岛的棕榈树，天空、大地和海洋，还有流泪的安德洛玛刻的微笑……我理解了，我感觉到了。我在《奥德修记》里呆了6个月，不出来。为此，我多次受到惩罚。可额外作业能奈我何？我和尤利西斯一起航行在"紫色的大海上"！后来，我发现了悲剧。我不大懂埃斯库罗斯，但是索福克勒斯和欧里庇得斯却为我打开了一个男女英雄的迷人世界，告诉我不幸所蕴含的诗意。我读的每一部悲剧都带给我新的喜悦、新的眼泪、新的颤抖。

阿尔刻斯提斯和安提戈涅给了我一个孩子从未有过的最崇高的梦幻。我把头埋进辞典，伏在墨迹斑斑的书桌上，我看见了神的面孔，象牙般的胳膊垂在白色的披风上，听见了比最美的音乐还要美的说话声在和谐地哀叹。

这又给我招来新的惩罚。惩罚是公正的，因为我读的是与课堂无关的东西。唉！这习惯至今依然。在我余下的日子里的任何一个时段，恐怕我还要受到中学教师对我进行的那种指责："彼埃尔·诺齐埃先生，您在读与课堂无关的东西。"

尤其是冬天的晚上，出了校门，走在路上，我为那光、那歌所陶醉。我在路灯下、店铺的明亮的橱窗前读着那些诗句，然后一边走一边吟诵。冬天的晚上，在阴影已经笼罩的郊区狭窄的街道上，我一路都在进行这种活动。我常常撞在糕点铺的小伙计的身上，他头上顶着柳条筐，像我一样在做梦；我也常常突然感到脸上扑来一匹可怜的正在拉车的马喷出的热气。现实丝毫败坏不了我的梦，因为我很爱郊区的那些老街，铺路的石头看见我一天天长大。一天晚上，我在一个卖栗子的人的灯笼下读安提戈涅的诗句，四分之一个世纪过去了，我一想起这些诗句"哦坟墓！哦婚床！……"就不能不看见那个奥弗涅人往纸口袋里吹气，不能不感到我身边烤栗子的炉子冒出的热气。在我的记忆中，对这个正直的人的回忆与忒拜的处女的哀叹和谐地融为一体。就这样，我记住了许多诗句。就这样，我获得了有用的宝贵的知识。

冯友兰

知其意，明其理

● 人物光影

　　冯友兰（1895—1990），中国著名哲学家，创立了新理学思想体系，成为当时影响最大的哲学家，为中国哲学史的学科建设做出了重大贡献。字芝生，河南南阳唐河人。1924年，获哥伦比亚大学博士学位。回国后历任中州大学、广东大学、燕京大学教授、清华大学文学院院长兼哲学系主任。抗战期间，任西南联大哲学系教授兼文学院院长。1946年，赴美任客座教授。曾获美国普林斯顿大学、印度德里大学、美国哥伦比亚大学名誉文学博士。1952年，为北京大学哲学系教授。主要著作有：《中国哲学简史》《新理学》《新世训》《新事论》《新原人》《新原道》《新知言》《中国哲学史新编》。

　　我从7岁上学起就读书，一直读了80多年，其间基本上没有间断，不能说对于读书没有一点经验。我所读的书，大概都是文、史、哲方面的，特别是哲学。我的经验总结起来有4点：1.精其选，2.解其言，3.知其意，4.明其理。

　　古今中外，积累起来的书真是多极了，浩如烟海。但是，书虽多，有永久价值的还是少数。可以把书分为3类，第1类是要精读的，第2类是可以泛读的，第3类是仅供翻阅。所谓精读，是说要认真地读，扎扎实实地一个字一个字地读。所谓泛读，是说可以粗枝大叶地读，只要知道它大概说的是什么就行了。所谓翻阅，是说不要一个字一个字地读，不要一句话一句话地读，也不要一页一页地读。就像看报纸一样，随手一翻，看看大字标题，觉得有兴趣的地方就大略看看，没有兴趣的地方就随手翻过。听说在中国初有报纸的时候，有些人捧着报纸，就像念五经四书一样，一字一字地高声朗诵。照这个办法，一份报纸念一天也念不完。大多数的书，其实就像报纸上的新闻一样，有些可能轰动一时，但是昙花一现，不久就过去了。所以，书虽多，真正值得精读的并不多。

怎样知道哪些书是值得精读的呢？对于这个问题不必发愁。自古以来，已经有一位最公正的评选家，有许多推荐者向他推荐好书。这个评选家就是时间，这些推荐者就是群众。历来的群众，把他们认为有价值的书，推荐给时间。时间照着他们的推荐，对于那些没有永久价值的书都刷下去了，把那些有永久价值的书流传下来。从古以来流传下来的书，都是经过历来群众的推荐，经过时间的选择，流传了下来。现在我们所称谓的"经典著作"或"古典著作"的书都是经过时间考验，流传下来的。这一类的书都是应该精读的书。

我们心里先有了这个数，就可随着自己的专业选定一些需要精读的书。这就是要一本一本地读，所以在一段时间内只能读一本书，一本书读完了才能读第二本。在读的时候，先要解其言。这就是说，首先要懂得它的文字，它的文字就是它的语言。语言有中外之分，也有古今之别。就中国的汉语笼统地说，有现代汉语，有古代汉语，古代汉语统称为古文。这些古文，都是用一般汉字写的，但是仅认识汉字还不行。我们看不懂古人用古文写的书，古人也不会看懂我们现在的《人民日报》。这叫语言文字关。攻不破这道关，就看不见这道关里边是什么情况，不知道关里边是些什么东西，只好在关外指手画脚，那是不行的。我所说的解其言，就是要攻破这一道语言文字关。当然要攻这道关的时候，要先做许多准备，用许多工具，如字典和词典等工具书之类。

中国有句老话"书不尽言，言不尽意"，意思是说，一部书上所写的总要比写那部书的人的话少，他所说的话总比他的意思少。这个缺点倒有办法可以克服，只要他不怕啰嗦就可以了。好在笔墨纸张都很便宜，文章写得啰嗦一点无非是多费一点笔墨纸张，那也不是了不起的事。可是言不尽意那种困难，就没有法子克服了。因为语言总离不了概念，概念对于具体事物来说，总不会完全合适，不过是一个大概轮廓而已。比如一个人说，他牙痛。牙是一个概念，痛是一个概念，牙痛又是一个概念。其实他不仅止于牙痛而已。那个痛，有一种特别的痛法，有一定的大小范围，有一定的深度。这都是很复杂的情况，不是仅仅牙痛两个字所能说清楚的，无论怎样啰嗦他也说不出来的，言不尽意的困难就在于此。所以，在读书的时候，即使书中的字都认得了，话全懂了，还未必能知道写书的人的意思。从前人说，读书要注意字里行间，又说读诗要得其"弦外音，味外味"。这都是说要在文字以外体会它的精神实质，这就是知其意。司马迁说过："好学深思之士，心知其意。"也是离不开语言文字的，但有些是语言文字所不能完全表达出来的。如果仅只局限于语言文字，死抓住语言文字不放，那就成为死读书了。死读书的人就是书呆子。语言文字是帮助了解书的意思的拐棍。既然知道了那个意思以后，最好扔了拐棍。这就是古人所说的"得意忘言"。在人与人的关系中，过河拆桥是不道德的事。但是，在读书中，就是要过河拆桥。

上面所说的"书不尽言"，"言不尽意"之下，还可再加一句"意不尽理"。理是客观的道理，意是著书的人的主观的认识和判断，也就是客观的道理在他的主观上的反映。理和意既然有主观客观之分，意和理就不能完全相合。人总是人，不是全知全能。他的主观上的反映、体会和判断，与客观的道理总要有一定的差距，有或大或小的错误。所以读书仅知得其意还不行，还要明其理，才不至于为前人的意所误。如果明其理了，我就有我自己的意。我的意当然也是主观的。也可能不完全合乎客观的理。但我可以把我的意和前人的意互相比较，互相补充，互相纠正。这就可能有一个比较正确的意。这个意是我的，我就可以用它处理事务，解决问题。好像我用我自己的腿走路，只要我心里一想走，腿就自然而然地走了。读书到这个程度就算是能活学活用，把书读活了。会读书的人能把死书读活，不会读书的人能把活书读死。把死书读活，就能把书为我所用，把活书读死，就是把我为书所用。能够用书而不为书所用，读书就算读到家了。

富兰克林
读书方能无敌

● 人物光影

本杰明·富兰克林（1708—1790），美国政治家、科学家、作家。出身于马萨诸塞州手工业者家庭，年轻时当过印刷徒工。1730年，为《宾夕法尼亚报》出版商和发行人。1731年，在费城建立北美第一个公共图书馆，1743年，组织美洲哲学会。1751年，帮助创办宾夕法尼亚大学。独立战争期间，积极参加反英斗争。1775年，当选第2届大陆会议代表，参加起草著名的《独立宣言》。1776年，出使法国，缔结了法美同盟。后又与英国和谈，签订了《英美和约》。1787年，成为出席制宪会议代表，主张废除奴隶制。在科学研究上，发明避雷针、远近两用望远镜，对电作了理论说明。在文学创作上，著有人物传记《自传》。法国经济学家杜尔哥颂扬他："从天空抓到雷电，从专制统治者手中夺回权力。"

正当我一心从文的时候，读到了一部《英语文法》（记得为葛林武德所著），书末页附有讲解修辞与逻辑的短论2篇，后者篇末载有苏格拉底辩论法范例一则。不久，我又购得色诺芬的《苏格拉底回忆录》，其中关于这个方法的例证更为详尽。我对这个方法爱之入迷，并学着试用，于是废弃了我以前那种生硬反驳与正面辩论，而处处以一个谦逊的探询者与存疑者态度出现。当时，我读过沙夫斯柏里与柯林斯等人的书，他们对宗教教义的若干处早有疑义，故我感到辩论时采用这个方法对我极为有利，但对我的对手而言则使其颇具困惑，因而耽之不倦，并经过不断练习而日臻精熟。这时，即使许多学问高于我的人也每每为我所屈，因为辩论的结局他们常常不能预见，致陷入窘境之中而不能自拔，结果每辩必胜，而实际上，不论我的能力或主张都未必如此高明正确。这个方法我曾连续用过多年，但也渐加放弃，而仅将谦逊的表达习惯保留下来。凡遇有所主张因而可能起争辩时，"当然""无疑"以及其他自以为是的词语便很少出口，而宁可使用"我把某事理解为如此如此""由于某种某种理由，在我看来，或我不妨认为如此如此"、"依我的想法，某事可能如此"或"如若我不错的话，某事可能如此"等客观引导词。这个习惯，我认为，每当我从事某种措施的推行，需要发表见解和说服人们的时候，往往给我带来极大便利。另外，既然交谈的目的无非为了提供情况、了解情况、使人心悦与使人乐从，因此我深愿一切好心聪明的人士，切勿因自己的主观自持态度而影响自己的应有作为。因为那种态度势必要引起反感，招怨树敌，甚至使我们处处遭到失败。那时，即使是一副天生的语言才能（亦即提供或接受情况与乐趣的才能），也必无济于事。如果你的目的在于提供情况、发表意见，过分自信与专断的态度每每容易产生龃龉，使人不能耐心聆听；如果你的目的在于从他人处获取情况和增长知识，但同时对你目前的看法却又表现得十分拘执，厌恶争辩的谦虚的人们必将悻悻然而去之，听任你错误如故。因此，以这种态度出之，既不能为你赢得听话人的好感，也不能获得你所争取的乐从。

胡 佛

我的读书导师

● 人物光影

赫伯特·C·胡佛（1874—1964），美国第31位总统，政治家。出身于铁匠家庭，9岁成为孤儿，由叔父抚养长大。幼年生活清苦，靠刻苦学习进入斯坦福大学，毕业后成为采矿工程师，曾在澳大利亚、中国和非洲从事工程管理工作。曾任美国救济署长、总统经济顾问、商业部长。1929年，当选美国总统。

我15岁时，离开学校到俄勒冈州沙陵地方一家商行当练习生。一天，办公室来了一位格蕾小姐，她是一位身材颀长的女士，约30岁，态度亲切，面目和善，笑得十分动人。接待室只有我一个人。她自称是一位学校教员，问我求学的事。我告诉她我必须工作谋生，但希望能进本城行将开办的一所夜校读书。后来我发现，格蕾小姐教书以外的职业是劝导沙陵地方工作的年轻人，或者也可以说她很关心这些年轻人。

她问我对读书有无兴趣，读过什么书，从我的回答中她必定认为我需要读一些范围较广的书。老实说，生长于严肃的教友派家庭的我，读过的书只限于《圣经》《百科全书》和一些关于恶魔不得善终、英雄终将来临之类的小说。现在当了练习生，只阅读我上司看过的报纸。

我告诉她，公余之暇我还担任沙地垒球和垂钓的职务。尽管如此，格蕾小姐仍然问我是否愿意和她一同去本城一家小型的图书馆借书。到了图书馆，她说要借一本《撒克逊劫后英雄略》。她把书交给我，说我会觉得它有趣。在办公室办完杂务之余或在夜晚，我阅读那本书，它给我开拓一片新天地，这个新天地里充满了阵战杀伐的惊险，校场比武的壮观……突然我开始把书看成活的事物，而希望阅读更多的书。

几天后，格蕾小姐再度来办公室，这次她建议我读《大卫·科波菲尔》。现在我仍清楚地记得书中人物摩德斯通的严厉，密考伯的达观，尤利亚·希普的奸诈。在以后的时间里，我曾多次活生生地遇见过他们。

于是，我的眼界由于读书而扩大了，有时由于格蕾小姐的帮助，有时出于我的主动，我沉迷于萨克雷欧文的作品，华盛顿、林肯、格兰特的传记。

在夜校里，校长介绍给我一些有关数学、基本科学和拉丁文的教科书，这些当然都重要，但回想起来，我认为格蕾小姐鼓励我读的书也有重要性。教科书对于学习是必要的，而激发想象力和对人生进一步了解的，则是格蕾小姐介绍的另外一些书。他们容四海于一家，增广我的见闻，使我自觉为人类巨大潮流的一部分。

17岁时，我进入斯坦福大学学习工程。阅读指定的参考书，课外管理垒球足球队的职务和自食其力的工作占去了我的时间。但格蕾小姐仍不时写信给我，建议某些要读的书，在此后18年中一直毫无间断。在担任工程师的工作中，我有许多长时间的旅行，足迹遍及世界：从美国到中国、到缅甸、到墨西哥、到澳洲、到加拿大、到俄罗斯，而且旅途中船上、车上等这等那，一等几小时。这些时间正可用来读书……由于第一次世界大战到来和战后许多年中职务繁忙，侵占了我的时间和精力，读书停顿了，然而格蕾小姐的影响力并未终止，甚至深入白宫。1929年，我进白宫时，发觉那儿除了历任总统公布的文件外，书籍十分贫乏，就是历任总统的文件也不齐全。一天我和老友，书商约翰·豪威尔谈及白宫缺少代表美国著作的情形，在他的支持下并由于美国出版协会的合作，一共选择了500余部代表作。这些书大部分我个人早已读过，且深为许多其他在白宫居住的人所喜欢。

这批书使我永远记牢格蕾小姐，也永不忘记约翰·弥尔顿的名言："好书是俊杰之士的心血，秘宝薰香，以传后世，永垂不忘者也。"我重复本文标题，我衷心地"谢谢你，格蕾小姐"！谢谢你指导我进入书中可以找到的那种充满奇观、美感、智慧、想象的世界。

梁厚甫

读书要"刺激"

● 人物光影

  梁厚甫（1908—?），美籍华裔作家，国际问题评论家。原名梁宽，广东顺德人，毕业于广州岭南大学英文系。抗日战争期间，在香港《大公报》任职。1945年，出任香港《工商日报》《新生晚报》总编辑。1959年，移居美国，先后任新加坡《南洋商报》和香港《明报》驻美特约记者。主要著作有：《梁厚甫通讯评论选》《三十年的旅美记者生涯》。

  如果你读书读不出趣味来，我有一个办法，可以立刻提高你的兴趣。其法，是找一些叙述你完全不懂得的学问的书来读。例如，你也许听过"国际私法"这一个名词，但你不知道"国际私法"是什么东西，你拿一本"国际私法"的书来读，你一定读出兴趣来。又例如，"价值分析学"是近年新兴的学科，你听过该名词，但不知道其内容。你拿一本"价值分析学"的书来读，也一定读出兴趣来。人类从小孩子起，就有好奇心。兴趣是什么？兴趣就是好奇心的满足。

  不要以为，自己连法律常识都没有，怎能读"国际私法"。事情恰好与你的想象相反，只要你肯读，一定读得通的。从前，我对"工业管理"的学问，一窍都不通。但是，有一次在图书馆里边，我鼓起勇气，把这些书找出来，阅读之下，立刻不忍释手。因为人类有好奇心，所以人类才以游埠为乐事。同样，阅读一些论述自己完全不懂得的学问的书，与游埠视同一律。

  只要你懂得中文，读中文的书，最多是难一点，绝对不会读不通的。这一点，在读书之前，必须先有信心。既然知道必然读得通，不懂，就再读好了，由不懂而到懂的时候，兴趣便油然而生。由懂得不多而变成为懂得较多，可以引起兴趣，但兴趣之度，终不及由不懂而变成为懂的时候。因此，我们千万不要找浅白易懂的书来读。读书，最好就是读自己完全不懂的学问的书。好些学问，你如果只听学问的名称，你会吓了一跳，但是，你耐心地来读，便会读出趣味来。所谓学问，不过是如此这般而已。古人有"读万卷书，行万里路"的话，浅学者以为行万里路等于读万卷书，其实错了，真正的意义是：读书有如游埠。因为，愈未去过的地方，愈是有趣，必定像刘姥姥入大观园一样，充满好奇与刺激。

林　德
"无知"的乐趣（节选）

● **人物光影**

　　林德（1879—1949），英国散文家。出生于爱尔兰，大学毕业后在伦敦任《新闻报》和《新政治报》文学编辑。工作之余，勤奋写作，主要著作有：随笔集《爱尔兰的家庭生活》《爱尔兰漫步》《无知的乐趣》《蓝狮》《想来令人不寒而栗》《生活中的怪事》，文学批评论著《史蒂文森论》。

　　每年春天，重新熟悉一下各种花草的名字也会给人以特殊的乐趣，就像重读一本印象已经模糊的书一样。蒙田曾说，他的记忆力极坏，读旧书也总像读新书一样津津有味。我自己的记忆力也很不可靠，什么都记不牢，所以我可以反复读《哈姆雷特》《匹克威克外传》，就像读一个作家的带着油墨气味的新著一样。我读完任何一本书，都有许多事再也记不起来，只好下次再重读。记忆力不好有时候会叫人非常痛苦，特别是对一个事事都讲求精确的人，但这是对那些生活除消闲自娱尚外有重大目标的人而言。如果单从享受乐趣的观点看，认为记忆力不佳就一定不如记忆力强，实在是值得怀疑的。记忆力欠佳，一个人就可以翻来覆去读一辈子蒲鲁塔克或者《一千零一夜》。一些细枝末节当然也可能留在最为健忘的人的脑子里，正像一群羊钻出篱笆不可能不留下几撮羊毛一样，可是整只整只羊却跑得一干二净。大作家也就是像羊这样跳出了一个记忆失灵的头脑，只留下点点滴滴的遗痕。

人们对日常事务既不深究，也不理解，仿佛是每个人都只活动在一个小小的圈子里，他所熟悉的也只是限于这个小圈子里的东西。日常工作之外的知识，大多数人都看作是华而不实的装饰品。尽管这样，无知还是经常刺激了我们，叫我们有所反应。我们有时候会悚然一惊，开始对某一事物思索起来。对不论是什么事进行思索，都会使我们心醉神驰。我们思考的可能是死后的归宿，也可能是一个据说曾经叫亚里士多德为难的问题："为什么从中午到午夜打喷嚏是件好事，而从午夜到正午打喷嚏却预兆不幸"？我们所知道的人生最大乐趣之一，就是这样逃遁到无知中去寻找知识。无知的乐趣，归根结底，就在于探索问题的答案。一个人如果失去了这种乐趣，或者以武断的乐趣取代了它，也就是说，以能解答问题而沾沾自喜，他也就开始僵化了。像乔义特这种充满好奇心的人是很令人羡慕的，他在60多岁的时候还坐下来孜孜研究动物生理学。我们大多数人早在他那个岁数之前就已失去无知的感觉了，甚至还为我们那点儿少得可怜的知识自鸣得意，认为年纪增长本身就意味着饱学博识。我们忘记了一件事：苏格拉底之所以被看作是个智者，并不是因为他什么都知道，而是因为他在70岁的时候领悟到他还什么都不知道。

罗斯福夫人
欣赏书中的美与内容

● 人物光影

罗斯福夫人（1884—1962），美国外交家，人道主义者，总统富兰克林·罗斯福的夫人。曾在英格兰求学。1921年，帮助丈夫同小儿麻痹症的后遗症作斗争，激发丈夫参加政治活动的兴趣。自1936年起，多年为报纸专栏写作《我的一天》。第二次世界大战期间，访问过英国、南太平洋地区以及美国军事基地，鼓舞士气。罗斯福总统去世后，任美国驻联合国代表、联合国人权委员会主席，对世界人权宣言的起草和通过发挥过重要作用。

为什么许多孩子们读的书不多？他们不能读得很快。我想，我们应该给他们各种机会，让他们知道如何阅读，如何更快地把他们所读的吸收进去。我们必须让我们的青年人养成一种能够领会好书的习惯，这种习惯是一种宝物，值得双手捧着，看着它，别把它丢掉。我们之中太少人真正地把我们所领会到的美好的故事，告诉给我们的孩子们，无怪乎年轻人也不能欣赏环绕着他过去的那些美好事物。他们把那些事视为当然，不足为奇。他们需要多读一点历史。

我觉得，只要我们不怕麻烦，教导我们的年轻人欣赏书中的美与内容，领略书的价值，一定会增加许多如饥如渴的读者。

有一天，我有一个机会到纽约的摩根图书馆去，那里陈列着许多古代手抄本和古代印刷的书本。我想，一个孩子若有机会摹写这些早期手抄本的话，那是一件多好的事情！他们可以看这些手抄本是如何更正的，可以看看那些图书，看看那些手抄本的翻印本。

我们若能为年轻人设一个他们自己的图书馆的话，他们的兴趣恐怕会增加很多，这是学习读书价值的最好途径。年长的一代知道读书的价值，但是我认为有时候，我们这些老人并未给予青年人一个机会，让他们从长者那里，知道读书可能是一个极大的享受。记得一次在白宫的宴会里，一桌上都是一些年轻朋友（大部分尚在大学念书，有一个是好莱坞的女明星，那些男孩子们都觉得她十分迷人），我的丈夫坐在餐桌的一端，我坐在另一端，他对我说："亲爱的，我们这里有一位年轻小姐，她从未听说过吉卜林的《林莽之书》。我刚刚对她讲，那部小说若搬上银幕一定很生动，她若在里面扮演一个角色，一定也非常可爱，可是她却从来没有听说过那部小说。"

过了一会，他又说一句："我要向在座的人都问一遍，请问你们有哪一位是看过这本书的？"当然，仅有两位看过这本书的，是我们的两个儿子！他们之中有一个还非常羞涩地承认："可是，你知道，如果妈妈没有念给我们听的话，我们也不会去看它的。"

是的，如果我们能把我们的爱，我们的热诚和我们对读书的享受，分一部分给孩子们，他们的生活将因此而增加不少积极的意义，历史上从未有过像现在这样的一个时期，我们如此需要开拓我们的思想。我们不能再让我们青年人的思想狭隘，世界与我们的距离太近了，我们进入太空的可能性越大，世界也变得越狭窄了。

毛 姆

读书不必强荐

● 人物光影

　　威廉·萨默赛特·毛姆（1874—1965），英国小说家、戏剧家。生于巴黎。曾在德国海德尔堡大学、英国圣托马斯医学院就读，后弃医从文。第一次大战期间，在英国情报部门工作。战后游历过许多国家。第二次世界大战期间，侨居美国。1902年，开始创作了30多部剧本，讽刺现代社会。此外，尚有文学评论、游记、回忆录等多种文艺作品。1913年，致力于小说创作。主要著作有：小说《史密斯》《圈子》《苏伊士运河以东》《为国效劳》，自传体长篇巨著《人间的枷锁》《月亮和六便士》《大吃大喝》《圣诞假日》《刀刃》。

　　按照编年次序看我下文介绍的书，当然比较方便，但如果你已下定决心去读，我看不出有什么理由非按这次序不可。最好，你还是随自己的兴趣来读，我也不劝你一定要读完一本再换另一本。就我自己而言，我发觉同时读五六本书反而更合理。因为，我们无法每一天都保有不变的心情。而且，即使在一天内，也不见得会对一本书具有同样的热情。在这种情况下，我们不能不为自己打算。至于我，当然选取最适合我自己的书籍。清晨，在开始工作之前，我总要读一会儿书，书的内容不是科学就是哲学，因为这类书需要清新而且注意力集中的头脑，这样我一天开始了。当一天的工作完毕，心情轻松，又不想再从事激烈的心智活动时，我就读历史、散文、评论与传记。晚间，我看小说。此外，我手边总有一本诗集，预备在有读诗的心情时阅读。在床头，我放一本可以随时取看，也能在任何段落停止，心情一点不受影响的书，可惜的是，这种书实在不多。

　　毛姆为一般读者推荐的世界文学入门书籍——

　　英国文学：笛福的《摩尔·弗兰德斯》，斯威夫特的《格列佛游记》，菲尔丁的《汤姆·琼斯》，斯特恩的《特雷斯特安·薛迪》《感伤旅行》，鲍斯威尔《约翰逊传》《海柏雷德群岛旅行记》，约翰逊的《诗人传》，吉本的《自传》，狄更斯的《匹克威克外传》，巴特勒的《众生之路》，奥斯汀的《曼斯菲尔德庄园》，赫兹列特的《桌边闲话》，兰姆的《伊利亚随笔》，萨克雷的《名利场》，勃朗特的《呼啸山庄》，乔治·特洛普的《尤斯泰斯之钻石》，梅瑞狄斯的《利己主义者》，艾略特的《米德尔马奇》，柏格雷夫编的《精华集》《牛津版英国诗选》，吉拉德·布莱特的《英国短诗珠玉》，以及莎士比亚的悲剧。

欧陆文学：塞万提斯的《堂吉诃德》，蒙田的《随笔》，歌德的《威廉·退斯特的学习时代》，屠格涅夫的《父与子》，陀思妥耶夫斯基的《卡拉玛佐夫兄弟》，托尔斯泰的《战争与和平》《安娜·卡列尼娜》，拉法耶特夫人的《克莱芙王妃》，普雷汪的《曼侬·列斯卡》，伏尔泰的《老实人》，卢梭的《忏悔录》，巴尔扎克的《高老头》，司汤达的《红与黑》《帕尔玛修道院》，福楼拜的《包法利夫人》，康斯坦的《阿尔道夫》，大仲马的《基督山伯爵》，普鲁斯特的《追忆逝水年华》。

美国文学：富兰克林的《自传》，霍桑的《红字》，梭罗的《湖滨散记》，爱默生的《随笔》《英国国民性》，爱伦·坡的侦探小说，亨利·詹姆士的《美国人》，麦尔维尔的《白鲸》，马克·吐温的《哈克贝利·费恩历险记》，帕格曼的《俄勒冈小站》，艾米莉·狄金荪的诗歌，惠特曼的《草叶集》。

蒙　田

论　书（节选）

● 人物光影

　　米歇尔·德·蒙田（1533—1592），法国思想家、散文家。自幼受到良好的教育，后在图卢兹大学攻读法律，曾在波尔多法院任职 13 年。当过国王亨利三世的侍从。在军队中服役多年，参加过拉费尔包围战。蒙田喜欢游览名山大川，领略过瑞士、意大利、德国、奥地利等国的风土人情。1581 年，当选并连任两届波尔多市长。蒙田的主要贡献是，他用毕生精力撰写《蒙田随笔集》。这些随笔形式自由，旁征博引，富有生活情趣，对近代西方文学产生了巨大的影响，是公认的随笔巨匠。如今，他的读者已遍及世界。

读书，我只寻求那些能够令人愉快且又朴实无华的篇章；学习，我只学习这样的知识：它能够告诉我，我当如何认识我自身，我当如何对待生和死。当我在读书中遇到某些费解的地方时，我从不一味冥思苦想。倘我尝试一两次后仍不得要领，我就把它甩开。因为在这种情况下继续死啃它们，无异于浪费精力和时间。我的思维机器只在初始时才敏捷活跃，而那些不能令我当下关注到的事物，不能靠持久来解决。没有灵感，我的思维就会枯竭。过分地执着于某物，只会使大脑疲惫不堪、陷入混乱，我的眼睛也会变得模糊不清。我必须把注意力暂时移开，而后再回过头来不断地看看。这犹如我们在看一件耀眼的红色衣服时，总是先把视觉稍稍移开，然后再不断地瞥上几眼。倘若某书使我感到厌倦，我就丢开它去读另一本，只是在我无所事事时，我才再去问津那本曾使我厌倦的书。我很少拜读现代作品，对我来说，古典作品更富有魅力和活力。我并不是指读希腊文作品，因为我的理性对我所具备的这门语言知识是不满意的。在某些纯粹的娱乐性作品中（这类作品都很时髦），我发现，闲暇时读一读还是值得的。

伊索的大多数寓言都有多种寓意和解释，那些试图对它的象征意义详加阐释的人，往往只选择了与这个寓言相一致的方面。但一般来讲，这一方面恰恰是最肤浅、最表层的一面，更为基本的深层方面，是他们无力企及的。这种说法也同样适用于我。时下，那些打算从事喜剧创作的人（包括意大利人，在这方面，他们一直相当成功），往往剽窃泰伦提乌斯或普劳图斯的作品。这使我深感震惊。在他们的一部作品中，或者有从泰伦提乌斯和普劳图斯那里抽出的三四个情节，或者有从薄伽丘那里觅得的五六个故事。他们为什么要借助他人的材料来增加自身的分量呢？因为他们缺乏自信，对天赋能力持怀疑态度；因为他们缺乏魅力，不能抓住我们的注意力。他们需要一个靠山来支撑自身，把希望寄托在移入的这个情节上来博得我们的青睐。

对泰伦提乌斯来说，问题恰恰相反：他以其典雅而优美的风格吸引了我们。无论在哪儿，他都令人愉悦，我们已无暇顾及他的情节了。正是他自身的魅力征服了我们，我们如痴如醉，忘却了那些情节。循着同样的思绪，我还可以飘向更远的地方。据我的观察，某些优秀的古代诗歌，不但没有那种傲岸而怪异的做作，也没有那种充塞于后世诗文中的过于缠绵、压抑的情感。一个好的评论家，是不会为古代作品中没有这类情调而感到遗憾的。同样，一个好的评论家肯定会更羡慕练达而流畅的警句，而不会更欣赏突兀和刺激性。

在研究历史方面，人们必须涉猎有关作者的全部著述，无论是年代久远的还是新近发表的，也无论是本国人的还是外国人的研究所得，这样才能从中学到各种东西。恺撒的作品具有特殊的研究价值。这与其说是因为他的渊博的史学知识，毋宁说是因为他自身的特点：他较之任何人都更为杰出和完美。我承认，对于他的作品，我是怀着更多的敬仰和尊崇之情拜读的，这也超过了我对其他人文著作的敬意。这种情感，时而来自对于他和他那种不可思议的伟大之沉思；时而来自对于他那无法仿效的优美而纯正的语言之惊叹，仅此而言，他就远在其他史学家之上。难怪西塞罗也说，恺撒甚至也在他本人之上。恺撒为人坦诚，即使在谈论他的宿敌时亦如此。我认为，倘人们有理由责备他的话，那就是他过少地谈论自己。因为，除非他所做的远远多于他所谈及的，否则，实现他的如此伟大的业绩就是不可思议的。

我所欣赏的第一流史学家就在于他们的质朴。所谓质朴，就是指不附加任何个人主观色彩。他们只是审慎地收集每一细节，不加筛选地原原本本记录下来，以使我们能根据自己的判断来明辨是非。诚然，杰出的史学家有能力选择那些能够流芳百世的事件。他们能够甄别材料的真伪，能够根据君王的性格和气质来推断他们的动机，给予他们恰当的言辞。他们有权获得这样一种权威，即他们能使我们相信他们所做的结论，只是能享有这种权威的人寥若晨星。

大多数人介于上述两种类型之间。他们往往成事不足而败事有余。他们喜好越俎代庖，仅仅相信自己的判断，并常以自己的观念来演绎历史。他们一旦从某个角度做出判断，就竭力避开其他角度来叙述历史。他们所要做的全部事情，就是选择那些有利于自己判断的辞藻。他们甚至还经常隐匿某些史料，尤其是那些可能会给我们提供更多信息的机密材料。无论他们怎样解释，仅仅归结为疏漏是说不过去的。更有甚者，他们有时竟略去某一事件，因为他们不能用好的拉丁文和法文去加以描写。他们只是凭借无耻来显示他们的雄辩、他们的论据以及他们以自己的方法所做出的判断。与其如此，他们倒是应该给我们一个机会，让我们在他们之后也能做出我们的判断。他们不应该随意选择或删改历史素材中的任何实质内容，而应该把它们原原本本地交给我们，使我们能够一览无余。

可靠的历史是由这样一种人撰写的，他们或者是在历史事件中首当其冲的人，或者是参与引导历史事件的人，或者至少具有带领志同道合者的出色才能的人。希腊人和罗马人写下的历史几乎都是可信的。因为，当几个目击者编写同样的事件时（在那个年代，往往要把名声显赫和才学渊博结合起来），即使有错误，肯定也是关于某一不重要事件的微不足道的出入。

我在《菲利浦·德·康米尼斯》中写了这样一段话："你会发现，作者的语言流畅而宜人，质朴而无华，其明晰的表达使作者的善良信仰跃然纸上——谈论自己，他摆脱了虚荣；谈论他人，他摆脱了偏见和敌意。他的谈吐和训导迸发出最忠诚的热情，与其说是对罕见天才的敬重，毋宁说是对真理的崇敬。他处处表现出名门出身的某种威严，兼有受到伟大事业陶冶的人所具有的庄重。我在《忆贝莱先生》中做了如下札记：读一读那些从自己的经历中有所悟的人所写的东西是一件乐事，人们可以清楚地看到诚实与自由。"

莫里亚克

文学便是一切

● 人物光影

弗朗索瓦·莫里亚克（1885—1970），法国作家。生于法国波尔多市一个资产者家庭。从小接受教会教育，中学毕业后进巴黎文献典籍学校，后放弃学业从事文学创作。第二次世界大战期间，投身法国地下抵抗运动，战后从事新闻工作。战后，著有戏剧、评论、回忆录等多部作品。1952年，获诺贝尔文学奖。主要著作有：诗集《合手敬礼》《告别青春》，小说《给麻风病人的吻》《爱的荒漠》《苔蕾丝·德斯盖鲁》《蝮蛇之结》。

"路的高处，月桂树林边，我用叠纱把路环绕，我略微能感觉它那巨大的身躯，黎明和孩子摔落在树林脚下。醒来时已是正午"。

有人写了这首诗，有人有才华、有福气地写了这首诗，这就是人世间的美，我从读第一本没有插图的书开始就猜想文学即一切，现在得到了确凿的证据和最终的证明：文学本身便是一切。如果某个盲人因迷于事务或其他艺术，还不知道这一点，那么至少我当时是明白了。文学是最好的、最坏的、最令人难以抗拒的东西，一旦明白了这一点，就没有其他事情可做，只能同它扭结在一起，同词语——它的奴隶，我们的主人扭结在一起。应该同它一起奔跑，上升到它的高度，无论是多么高，哪怕在读了我刚读过的篇章之后，我明知自己永远写不出那样的诗来，但它用自身的美迫使我朝这个方向飞奔。况且等级又有何关系呢？难道当一座房子在燃烧时，只需要最迅速最敏捷的人去灭火吗？难道在火灾中，为了端水灭火不是所有的手都有用吗？难道从一开始，我就被诗人兰波远远超过，这对于我有什么重要吗？自从读了兰波的《灵光篇》，文学给我的感觉就像是在某个地方，甚至是到处都发生了火灾，要我去扑灭。可能就是为了这个原因，我对哪怕是最会精打细算、最蹩脚、最厚颜无耻、最粗俗、最愚蠢及最狡猾的作家，无论是活着的还是死去的，都从未体会到一种彻底的蔑视。我知道，他们也是某天听到了报警声，他们时不时不由自主、绝望地奔向大火，他们在大火周围蹒跚，却像扑到火中去的人一样被严重烧伤。总之，我在那天早晨发现了我最喜爱的并将在我的整个余生中继续喜爱下去的东西。

继这三大发现之后（如果不懂得什么叫可笑，就会把这三大发现称之为道德、玄学及美学的发现），我最终发现了作家，我不再发疯似的只同自己，同我的少年时期对话，我迈进了文学创作的仙境般的拥挤而又孤独的世界。西南地区的夏天是非常灼人的，我祖母家房子的顶楼开着天窗，发烫的石板下面是摇摇欲坠的大梁，这是个名副其实的火炉，谁也不到这里来。书橱——法国所有资产者家庭不能缺少的家具，闲置在这儿好长时间了。这里还能找到所有的禁书，我想其中最放荡的要算克洛德·法海尔著的《文明人》，就是那有名的配有黑色铜质画片的黄色版本。现在，这本书只能打动我们这一代以及过去几代人的心灵了。其他的书是惊人的大杂烩：戴雷的书，皮埃尔·洛蒂的书，拉封登的书，马斯克的一套书中奇迹般地夹杂着3本陀思妥耶夫斯基的作品和一册蒙泰尼的书，还有普鲁斯特写的14本书中唯一幸存的一本：《失踪了的阿尔贝蒂娜》。我不想对顶楼的这些"王牌"大加发挥，它和所有童年的所有顶楼一样，具有同样的气味、尘土和魅力。我清楚地记得，我坐在顶楼上一张丝绒椅面已磨损的旧安乐椅里，头上渗出大颗汗珠，睫毛眨也不眨，有时被某个散步者的脚步声吓一跳……

梭 罗

读最好的东西

● 人物光影

　　亨利·大卫·梭罗（1817—1862），美国19世纪最具有世界影响力的作家、哲学家，超验主义文学的重要代表人物。生于马萨诸塞州，家境贫寒，靠自身努力考入哈佛大学。毕业后当过教员。后与超验主义领袖爱默生相识，开始发表诗歌和散文。1845年，远离城市，在瓦尔登湖畔结庐而居，钟情于湖光山色。1846 年，反对美国侵略墨西哥，50年代投身于废奴运动。主要著作有：《在康科德与梅里马克河上一周》《瓦尔登湖》，演说辞《论公民的不服从》，散文《缅因森林》《种子的信念》。

　　我想，我们识字之后，我们就应该读文学作品中最好的东西，不要永远重复a—b—ab和单音字，不要4年级5年级年年留级，不要终身坐在小学最低年级的教室里。许多人能读就满足了，或听到人家阅读就满足了，也许只领略到一本好书《圣经》的智慧，于是他们只读一些轻松的东西，让其他的官能放荡或单调地度过余生。在我们的流通图书馆里，有一部多卷的作品叫作《小读物》，但我对此不甚了解，我想这大概是一个我没有到过的 "市镇的名字"吧。

　　有种人，像贪食的水鸭和鸵鸟，能够消化一切，甚至在大吃了肉类和蔬菜都很丰盛的一顿之后也能消化，因为他们不愿意浪费。如果说别人是供给此种食物的机器，他们就是过屠门而大嚼的阅读机器。他们读了9000个关于西布伦和赛福隆尼亚的故事——他们如何相爱、从没有人这样地相爱过，而且他们的恋爱经过也不平坦。总之，这些情节是，他们如何爱，如何栽跟斗，如何再爬起来，如何再相爱；某个可怜的不幸的人如何爬上了教堂的尖顶，他最好不爬上钟楼；他既然已经毫无必要地到了尖顶上面，那么欢乐的小说家干脆打起钟来，让全世界都跑拢来，听他说他如何又下来了！照我的看法，他们还不如将这些小说世界里往上爬的英雄人物一概变形为风信鸡人，好像他们时常把英雄放在星座之中一样，让那些风信鸡旋转不已，直到它们锈掉为止，但千万别让它们下地来胡闹，麻烦好人们。下一回，小说家再敲钟，哪怕那公共会场烧成了平地，也休想让我动弹一下。

写《铁特尔·托尔·但恩》的某位著名作家，又写了一部中世纪传奇，按月连载，连日拥挤不堪，大有欲购从速之势。大多数好读者睁着盘子大的眼睛，用坚定不移的原始的好奇心和极好的胃口，来读这些东西，胃的褶皱甚至也无须磨炼，正好像那些4岁大的孩子们，成天坐在椅子上，看着售价两分钱的烫金封面的《灰姑娘》。据我所见，他们读后，连发音、重音、加强语气这些方面都没有进步，不必提他们对书中主旨的了解与应用主旨的技术了。其结果是，目力衰退，一切生机凝滞，普遍颓唐，智力的官能完全像脱皮一样脱掉。这一类的姜汁面包，是几乎每一天从每一个烤面包的炉子里烤出来的，比纯粹的面粉做的或黑麦粉和印第安玉米粉做的面包更吸引人，在市场上销路更广。

即使所谓"好读者"，也不读那些最好的书，我们康科德的文化又算得了什么呢？这个城市里，除了极少数例外的人，对于最好的书，甚至英国文学中一些很好的书，都觉得没有味道，而且连出身各所大学或所谓受有自由教育的人，对英国的古典作品也知道得极少，甚至全不知道。这些记录人类思想的古典佳作和经典名篇，是很容易得到的，然而只有极少数人肯花工夫去接触它们。

伍尔芙
将所读之书"比一比"

● 人物光影

弗吉尼亚·伍尔芙（1882—1941），英国女作家，是意识流作家中成就最高的女性，也是最早运用意识流手法的作家之一。生于伦敦。父亲是作家，她自幼受到良好的文化教育。父亲逝世后，她和全家迁居布卢斯地区，并在那里开始文学创作。1917 年，与丈夫创建霍加斯出版社，出版了艾略特等人的优秀作品。主要著作有：长篇小说《黛洛维夫人》《到灯塔去》《海浪》《岁月》，评论集《普通读者》。

以深刻的理解力获取印象，只是走了读书全程的前半部。如果我们要获得一本书的全部真趣，就必须走完那后半部。我们必须对不可胜数的印象做出判断；我们必须把瞬息即逝的东西凝聚为一个坚实不移的印象。但是，不必立即去办，且待故事的烟尘落定，矛盾与疑问尽消。散散步，说说话，为玫瑰摘除几片枯瓣，或者睡它一觉。然后，突然之间，心里原本没有想着的段落（大自然总是这样推动转折的），这本书却又回到我们脑子里来了，但又有所不同。这时，书成了浑然一体，悬浮在我们脑海的最深处，大不同于初读时通过分散的词句体会到的。

此时，细节和妥帖都已到位，从头至尾，轮廓俨然，好比一所谷仓、一角猪圈、一座教堂。现在，我们能够以书比书了，正如以楼房比楼房一样。但是，这一比较，说明我们的态度变了，我们不再是作者的朋友了，我们成了他们的判官。朋友之间，当然最同情不过。然而，身居执法重任的人，却是怎样严厉都不为过的。难道那些浪费我们的时间和感情的书籍没有罪吗？难道那些散发着腐朽气息的邪书、伪书者，不就是社会最危险的敌人，不就是伤风败俗之徒吗？让我们判得严厉些吧，让我们把每本书都和同类书当中最伟大的著作来做一番比较吧。

那些我们看过的书，由于我们下了断语，它们的形象便固定下来，长留在人们心中了——笛福的《鲁滨孙漂流记》，奥斯汀的《爱玛》，哈代的《还乡》，无不如此。把每一本小说都拿来跟这些巨著比较一下吧（最新的、最不重要的小说，也有权利跟最好的比一比）。诗也如此——陶醉感或者说韵律消失之后，辞藻的华光隐退之后，就有一个幻象回到我们脑际。必须把它跟莎士比亚的《李尔王》、拉辛的《费德尔》和华兹华斯的《序曲》比一比。如果不同这些作品相比，那就跟同类当中最好的或在我们看来最好的作品相比也行，而我们可以肯定地说：新诗和新小说之所以谓新，只是最表面的东西新。我们一直用以品评老书的标准，只需稍加修改就能用于今日，无须另起炉灶。

萧 乾
关于书

● **人物光影**

　　萧乾（1910—1999），中国现代著名作家、记者、文学翻译家。1935年，毕业于燕京大学新闻系。曾任伦敦大学讲师，《大公报》驻英特派员、随笔记者，《人民中国》英文版副主编，《大公报》副刊《文艺》主编。主要著作有：《萧乾选集》《这十年》，长篇小说《梦之谷》，短篇小说集《篱下集》《栗子》《落日》，报告文学集《人生采访》，译著《莎士比亚故事集》《好兵帅克》《尤利西斯》《汤姆·琼斯》《培尔·金特》。

　　生活中，大量的是泛泛之交，不可能人人都成为知音。能通宵达旦深谈的，总是极少数。

　　书也是这样。大多只是翻翻，有些从头读到尾，而能反复精读，百读不厌的，毕竟也寥若晨星。正如生活中不能没有朋友，生活中也不能没有书。缺少它们，那可是难以想象的悲惨境地。

　　书是人类最忠实的朋友。它能使人插翅生翼，忽而飞向远方，忽而回到古代，有时甚至把人带到朦胧的未来。忙时，你尽可能冷落它，丢在一边，它也不气恼。但它随时都准备给你快乐，尤其在你孤寂、痛苦或卧病在床时。我就是在国外病榻上接触《好兵帅克》这本书的。它使我忘记了病痛，捧着那本书独自笑个不停。于是，那个捷克丘八在我心目中就成了个洋济颠。

　　我最早接触的外国小说家是新西兰的曼殊斐尔(曼斯菲尔德)。我是通过在北京当学徒的职业关系遇到她的。那时，李小峰老板派我去北大红楼图书馆抄录徐志摩译的曼殊斐尔小说。说来，这应属于"强迫性"的读书。然而，她那些悲恻感人的故事拨动了我幼小的心弦。我不时地随抄随呜咽，泪水沾湿了面前的稿纸。至今我还保存着1927年李安宅兄送给我的那本英文原著：曼殊斐尔的《稚气棠》(伦敦康斯贴勃公司，

1924年版)。

我最怀念老北京的东安市场、隆福寺以及厂甸的旧书摊，正如我怀念剑桥市中心广场那家"大卫书摊"一样。怀念，是因为如今它们都已消失了。在东安市场买书，还要"斗智"。书商一旦发现你看中了那本书，他必然要大大抬高价码。于是，就同时从架子上取下三四本书，请他一一开价。这时就像押宝一样，他摸不清哪本是我真正看中的。等他报了价码之后，我才说出自己真正要买的那本。这种办法初试很灵，后来他也不上当了。凡是我挑出的书，他都一律都加了价码。

20世纪30年代，我在上海编《大公报·文艺》时，收藏了足足一箱子作家的签名本。"八·一三"抗战后，我费了九牛二虎之力才把它经香港带到汉口。后来要随杨振声、沈从文二位先生去大西南，实在搬不动了，于是就寄存在法租界的好友刘德伟家，多天真啊！随着战火的蔓延，它们自然早已化为灰烬……

尤 今

无日或辍，无时或断

● 人物光影

尤今（1950—　），新加坡女作家。原名谭幼今，生于马来西亚。1973 年，毕业于南洋大学中文系。曾任图书管理员、记者、副刊编辑等职。酷爱文学创作，作品以小说、散文、小品、游记、报告文学等形式，细腻、真实、真诚、真挚地反映了现实生活里的人和事，关注了现实生活中的女性。主要著作有：短篇小说集《模》，游记《沙漠里的小白屋》《缘》，新闻特写集《社会鳞爪》。

进了大学，受到校园风气的影响，我开始大量地阅读有关哲学、社会学和心理学方面的书。硬性的书读得多，我需要一些软性的书来加以调和。就在这个时期，我把阅读的触角伸向了浩如烟海的文艺作品里，整个地把我淹没了。这个时期的我，好似骤然闯入了一个百花齐放的园圃里，看到这里也花、那里也花，朵朵娇艳、朵朵鲜丽，五彩缤纷、香气扑鼻，目眩神迷之余，日夜不分的沉醉在内了！

读读读，无日或辍、无时或断。由于长期以来养成了持续不断的阅读习惯，所以这些年来，我几乎不能一日无书。有人说，不读书的人，言谈无味，面目可憎。然而，对于我来说，言谈和面目是不是无味、是不是可憎，都还是其次的问题，最主要的问题是，倘若不读书，我的日子，便过得无欢、无趣、无味、无乐。

过去，当我还是在籍学生时，看书比较有系统。总是把同一位作者的书看完了，才开始看另一个人的书。现在，我除了工作外，还要照顾家庭、还要从事笔耕，时间不但有限，而且，被分割得非常零碎。所以，难以拟定系统化的读书计划。

目前的我，什么书都看，硬性的理论、传记、杂文，软性的小品文、散文、小说，全看；来自东亚的、欧美的著述都读。

我看书，分两个步骤。第一个步骤是，囫囵吞枣、一目十行地看。这时候，眼睛好像长了翅膀，在书页上任意飞翔。虽然是看得很快，然而，由于是在全神贯注的情况下看的，所以我不曾辜负我手中的书。第二个步骤是，倘若读毕以后，觉得这是一部好书，我便会从头至尾再细细重读一遍。细读时，我会作眉批，有时是段批，有时是章批。在细读一本书期间，我会利用闲暇时间，速读另一本新书。一缓一速，循序并进。换言之，在以反刍的方式消化旧有知识的同时，我并没有放松自己对新知识的吸收。有一个问题，是别人常常问我的："你每天可以利用的时间，好像总比别人多出了一大截，究竟你是怎么分配的？"答案是，分秒必争，全力以赴。

我家里除了订阅4份日报外，还订了好些周刊、月刊、季刊，这些报纸和杂志，有许多都是在烟飞油溅的厨房里读完的——我在煎鱼煮饭的同时，利用中间的空当来读它们。此外，我多年以来坚持的一个习惯是：不论时间多晚，我在临睡以前一定要看上一个小时的书。倘若不看，便睡不安宁。日积月累的，被我眼睛消化了的书本，数目便十分可观了。由于日日夜夜都沐浴在书海里，有时晚上做梦，连梦都沾着书香呢！

我爱书。实在是太爱了，套一句目前流行的话："书，是我最始与最终的唯一。"我和书彼此相恋，永不相负。

轶事篇

伴我成长
图书馆的黄昏
思绪飞扬

车尔尼雪夫斯基

伏尔加河畔的读书迷

● 人物光影

　　尼古拉·车尔尼雪夫斯基（1828—1889），俄国杰出的革命民主主义者，伟大的无产阶级革命作家，一生为真理而奔走呼号的战斗者。主要著作有：《艺术对现实的审美关系》《俄国文学果戈理时期概观》《对反对公社所有制的哲学偏见的批判》《哲学中的人本主义原理》《生活与美学》，小说《怎么办？》。

　　1828 年 7 月 24 日，车尔尼雪夫斯基出生在伏尔加河边美丽的萨拉托夫城。他的父亲是一个平民出身的牧师，很有学问。家里有一个藏书丰富的图书室，车尔尼雪夫斯基一有空儿就到这里来。

　　7 岁的车尔尼雪夫斯基，对读书简直是入了迷，他经常一面吃饭，一面看书。有一天早晨，妈妈看到孩子好长时间没从厨房里出来，心想这孩子到底吃了些什么？于是，他母亲悄悄地走到厨房门前，只看到小车尔尼雪夫斯基正在那里为一篇小说中的人物而哭泣流泪。妈妈喊来了车尔尼雪夫斯基的父亲，又拿了很多他平时喜欢读的书哄他，他才擦擦眼泪，心情有所好转。

　　车尔尼雪夫斯基最喜欢俄国大诗人普希金和莱蒙托夫的诗，喜欢英国作家狄更斯和法国女作家乔治·桑的小说，还读了许多社会科学方面的书籍。由于他坚持不懈的努力，在 10 岁时，就已赶上了 15 岁中学生的水平。

　　他 14 岁的时候，以优异的成绩考取了萨拉托夫的教会中学。那里的教师多是一些恪守教条的人，除了讲些老掉牙的教材外，不能给学生提供任何新鲜、有用的知识。车尔尼雪夫斯基十分不满。有一次，老师布置写作文，他不受老师的限制，很快写出了一篇关于读书学习方法的文章。他说："知识就像一座有无数宝藏的大山，越往深处发掘，越能得到更多的东西。尤其是青少年，更应该在知识的园地里不屈不挠地耕耘。"文章写成之后，学生们就争相传阅。这下，在他的心灵里，点燃了更旺盛的求知之火。

16岁时，车尔尼雪夫斯基已经通晓7种外国语言，阅读了大量的俄国民主主义者别林斯基和赫尔岑的文章。第二年，他中学毕业后，考入彼得堡大学文史系。

在大学读书的几年中，车尔尼雪夫斯基更加勤奋，读书常常是通宵达旦，被老师和同学戏谑地称为"伏尔加河边的读书迷"。

"读书迷"，名不虚传，这也就是他最终能成为著名文学家的根本原因。

陈景润
读书要目标专一

● 人物光影

陈景润（1933—1996），中国著名数学家，曾任中科院数学物理学部委员、中国科学院院士、中科院数学研究所研究员、博士研究生导师、《数学学报》总编。1973年，因发表《每个大偶数都是一个素数及一个不超过两个素数的乘积之和》（即1+2）的论文，把200多年来人们未解决的哥德巴赫猜想的求证过程，大大推进了一步，在解析数论方面的成就为世人公认，在国际上被誉为"陈氏定理"。主要著作有：《数学趣味谈》《组合数学》。

陈景润10岁那年，性格内向的他在经历了丧母的悲痛后，变得更加沉默寡言了。从此，书籍成为他分担和化解忧伤的良药，特别是在阅读过程中，他对数学有着浓厚的兴趣。在读书、研究中，他目标专一，锲而不舍。中学时，一次老师在课堂上无意中和同学们谈起了世界数论的著名难题，并神采飞扬地说："德国著名数学家哥德巴赫发现了一个奇怪的数学现象——每一个大偶数都可以写成两个素数之和，到底是什么原因，他自己无法证明。意大利数学家欧拉，穷尽一生也没证明出来，这道难题吸引了成千上万的数学家，两个世纪过去了仍然还是一个猜想。"这时，陈景润的心理掀起了巨大波澜，为他播下了理想的种子，激起了他几十年如一日艰辛地学习和探索、去摘取举世瞩目的数学皇冠上的明珠的决心。此后，陈景润更加努力学习数学。他不仅努力完成各种数学难题，还通过阅读大量的数学书籍，自学了许多数学理论。有一次，数学老师布置了33道题，让同学们选做10道，可陈景润不久便完了33道题，而且每道题都给出了多种解答方法。他的数学成绩在班上一直保持第一名。

在陈景润的母校——福州市英华中学，学校图书馆的许多书卡上，都发现有陈景润借阅过的签名。例如，大学丛书《微积分学》《达夫物理学》、哈佛大学讲义《高等代数引论》以及《赫克士大代数学》《实用力学》等。这些书，绝大部分是先还回，之后又借阅出来的，如此反反复复地借阅和归还。陈景润读书并不满足一般的读懂，而是要把读懂的东西背得滚瓜烂熟，将涉及数理化的许多概念、公式、定理、定律一一记住，以便随时应用。如果遇到难题，他就做下记号，待看完全书后，再回头来反复钻研，直到弄懂为止。如果不懂，就主动向老师请教。他提出的问题大多数是高等数学方面的问题。

1950年春夏之交，在英华中学尚未读完高中的陈景润以优异的成绩考入了厦门大学数学系后，学习更加努力刻苦，对时间看得比自己的生命还重要。为了不影响同室的其他同学休息，陈景润买了一个小电筒，每到深夜，他就在被窝中拧亮手电看书，这种独特的读书习惯，一直伴随他离开厦门。虽然身在厦门，离世界级风景区鼓浪屿很近，但在校3年，他从没去过一次；近在咫尺的名胜南普陀，他也没有涉足过；学校周末有电影，每张票虽只要5分钱，可陈景润一次也未去过。白天，处理完成老师布置的作业外，他还主动根据学习的课程完成一批课外题，少则几十道，多则上百道。当时正值解放初期，经常有敌机骚扰福建沿海地区。敌机一来就得躲进防空洞，这种时候，他也抓紧时间学习，许多复杂的数学题定理，就是在防空洞里背熟的。他把一切都交给了数学，他的神思和心灵永远在魅力无穷的数学王国里飞扬。有一次，他从食堂回来，天忽然下起雨来，同学们见状都飞快跑到屋檐下去躲雨，唯独陈景润仍在雨中漫步，原来他的身心完全沉浸到书海里去了。"皇冠上的明珠"照亮了痴情少年的数学梦，同学们都笑着送他一个绰号——"爱因斯坦"。

达尔文

读书调节生活

● 人物光影

    查尔斯·罗伯特·达尔文（1809—1882），英国的博物学家、生物学家、进化论的奠基人。达尔文以博物学家的身份，参加了英国派遣的探险队的环球航行，做了5年的科学考察。在动植物和地质方面进行了大量的观察和采集，经过综合探讨，形成了生物进化的概念。1859年，震动当时学术界的《物种起源》一书出版。恩格斯将"进化论"列为19世纪自然科学的三大发现之一。

    1842年9月14日，达尔文来到了一个距伦敦很近却隐僻的地方——唐恩。唐恩坐落在海拔五六百米的高地上，这里树林茂密、土地平整。在距离村庄不远的路旁，有一座以方砖砌成的楼房。墙上粉刷的石灰有的已经脱落了，屋内光线不太明亮。屋边有一个花园，花园与房子走廊相通，穿过走廊可以到达会客室，与会客室相邻的房间是书房。大概是达尔文有意将会客室、书房和花园连在一起，这样便于他的科学研究。

    在少年达尔文的眼里，世界上的一切事物都很新鲜、有趣，树呀、鸟呀、蝴蝶呀，各种各样的花呀、草呀，都很可爱。但是，它们是从哪来的呢？有人说，是物种传下来的。那么，物种优势从哪儿来的呢？达尔文小时候不知道问谁才能得到答案。

    1819年，达尔文上中学时，他的一位同窗好友借给他一本书——《世界奇迹》，这本书介绍了无奇不有的大千世界，让人耳目一新。达尔文读了这本书，就想看看这个世界，究竟是什么样的？是否能找到失去的伊甸园？

    1831年，英国的贝格尔舰要出海对智利、秘鲁以及太平洋岛屿沿线进行勘察，达尔文认为这是实现自己夙愿的好时机。他提出了申请，并获得了汉斯马教授的批准，他以贝格尔舰博物学学者的名义参加了这次环球旅行。舰只先后到达南美洲的东岸和南岸，穿过麦哲伦海峡，到达新西兰和澳大利亚。1836年，舰只越过大西洋、太平洋和印度洋。一路上，达尔文亲眼见过火山喷发，体验了印第安人的生活，他收集了巴西的昆虫、安第斯上的动物化石、智利的鸟、利马的蜂鸟、奇洛埃岛上的贝壳、奥索尔若火山区的玄武岩、新西兰的鸭嘴兽、基林岛的珊瑚，以及一包包、一罐罐动植物的标本，这是他日后进行学术研究的基础。

达尔文在外旅游考察时期，对他最要紧的东西便是书籍。他写信给父亲，信中列出长长一串书名，什么《动物学的哲学》《四足兽》《北极地区》《地球论》《论火山》《旅行记》《旅行中的安慰》，等等。家里人收到信后，简直不知道他为什么在颠簸不定的生活中还要看这些玩意。事实告诉人们：达尔文的博物考察需要图书提供给他有力的理论知识。

达尔文也是很爱书的，不过他爱的不是书的物质，而是书的实际内容。走进他的书房，你会发现很多书，但是装帧美观的书不多，而且很多资料是用金属夹子夹住的散页印刷品。一本书有很多章节，但对自己工作有用的往往只是其中一部分，或其中几页。达尔文将书中有用的部分撕下，用金属夹子夹起来并在上面写了一张字条，标明资料论述的主题或可采用的某一要点，这样工作起来，所需的资料随手可得。有一次，他的朋友、生物学家赖尔送他一本书。他将书分成两半，然后写信风趣地告诉赖尔："您的大作已分两册出版了，小册子的待遇比原书要好一些！"这就是达尔文的书房生活。

戴　维
奋起直追成大器

● 人物光影

戴维（1778—1829），英国19世纪初最引人注目的科学家。第一个把电流用于化学研究上，并借助电流的帮助，在短短2年内，发现了7种元素，在化学元素发现史上留下了光辉的一页。戴维出生于康沃尔郡面临康沃尔海的彭桑斯镇的一个木刻匠家庭。

　　小时候，戴维和他的小伙伴们一样，顽皮、散漫、贪玩，是个不折不扣的淘气鬼。他对学校的功课丝毫不感兴趣，宁愿拿根钓鱼竿坐在河边钓鱼，或背支猎枪到森林里去打鸟，也不愿意背诵古罗马诗人的作品。在所有老师的眼里，他没有任何出众的地方。老师柯里顿更是一个脾气古怪的人，他特别嗜好孩子们的耳朵，戴维的耳朵常常被他揪扯得火辣辣的，疼得钻心。有一次，柯里顿看见戴维的小耳朵上粘了一大块胶泥，就斥问他是怎么回事。不料戴维竟毫不畏惧地大声回答道："报告老师，这是为了怕我的耳朵被你揪烂。"结果引得哄堂大笑，柯里顿也只能摇摇头叹气："唉，这小家伙将来不会有出息！"

　　后来戴维干脆不上学了，他整天在康沃尔海边钓鱼，去迈克尔山逮鸟，荒废了许多宝贵的时光。16岁那年，父亲得病去世，母亲带着戴维和他的3个妹妹、1个弟弟度日，生活十分艰苦。在残酷的现实面前，戴维终于清醒了过来：不能再闲逛下去了，必须自谋生路。17岁时，他到镇上一个外科医生那里去当学徒，在配药和包扎的过程中，不断遇到许多不明白的道理，这才感觉到自己知识的匮乏。这时，恰好大发明家瓦特的儿子来到彭桑斯镇养病，戴维很快与他交上了朋友。小瓦特的渊博知识，使戴维头一次感到不学无术的耻辱。他暗自思忖瓦特比自己的岁数大不了多少，可他的知识天地却那么开阔，再也不能放任自流了，一定要有一个严肃的学习计划才行！

　　从此，戴维就像变了一个人似的，迈克尔山上再也见不到他的足迹，淘气包群里也再也找不到他的踪影。他制定了一个周密的自学计划，把时间安排得满满的。他给自己开列了自学的课目：1.神学；2.地理学；3.职业必读——植物学、药学、病理学、解剖学、外科学和化学；4.逻辑学；5.语言——英文、法文、拉丁文、希腊文、意大利文、西班牙和希伯来文；6.物理学；7.力学；8.修辞和讲演学；9.历史；10.数学。这个计划似乎太庞大了，但是不必担心，因为戴维不仅天资不笨，而且变得异常勤奋了。无论什么学科，他都理解得非常快。多厚的科技书，他也是一口气读完，好像读有趣的小说一样。特别使他的朋友们惊讶的是，一本书到手，他好像走马观花一般浏览了一遍，可他已经清楚地了解了书中的内容。

　　正是因为有了这样的觉悟和决心，戴维不仅夺回了年幼时浪费的时间，而且还从根本上改变了人们对他的看法，他从前的那位老师，也不得不承认自己过去对这个顽皮学生的估计是多么的错误。后来，戴维终成大器，成为19世纪初英国最引人注目的科学家。

杰克·伦敦
像一头饿狼般啃书

● 人物光影

杰克·伦敦（1876—1916），美国著名的现实主义作家，被称为"美国无产阶级文学之父"。他的50余部文学作品不仅在美国本土广泛流传，而且受到世界各国人民的欢迎。原名为约翰·格利菲斯·伦敦，生于旧金山，来自"占美国人口1/10的贫困不堪的底层阶级"。主要著作有：《马丁·伊登》《荒野的呼唤》（或译《野性的呼唤》），长篇小说《铁蹄》。

杰克·伦敦出生在一个破产的美国农民家庭，青少年时期一直处于贫困之中。8岁那年，他正在小学读书。有一天，他到邻居家玩，偶然间见到了奥伊达写的一本《西格纳》，该书讲的是一个意大利的农家女和一个流浪的艺术家的私生子，在贫困和艰苦中奋斗，最终成为意大利作曲家的故事。杰克·伦敦一口气读完了这本书，受到了强烈的感染，并产生了这样的思想："顽强是个妙不可言的东西，它可以把山移动，使你不敢相信和想象。"从此，他一面学好功课，一面刻苦自修，利用点滴时间阅读他所能得到的书。

10岁那年，杰克·伦敦的家从荒僻的乡间搬到了奥克兰城。那里的公立图书馆有成千部书可以免费阅读。他做梦也没见过这么多的好书。他穿着褴褛的衣衫，睁大着眼睛，沿着一排排的书走过，用指尖抚摸着那些书的封面，然后取出他所喜欢的书。有关冒险、旅行、航海、探险的书籍是他涉猎的对象，他把这些书借回去，在床上读，在饭桌上读，在来去学校的路上读，在别的学生做游戏时　读……他完全陷入了书的世界，常常以书的人物的忧乐而忧乐，有时升上陶醉的高峰，有时陷入失望的深渊。

14岁时，杰克·伦敦小学毕业了，可家里太穷，不可能供他继续上中学，他便违禁到海上去捕蚝。一年后，他开始过流浪生活，当乞丐和苦力。17岁以后，他当过水手、铲煤工、淘金者，历尽了人世间的种种艰辛。然而，不管工作多么艰苦，他的学习始终是刻苦的。譬如，当水手时，在同大海搏斗之余，在夜间当全舱的水手鼾声大作时，他总是自然而然回到他另一种生活：把一本书靠在船头的钢壁上，用一只手端着点着灯芯的盘子，用另一只手翻书，在昏暗的灯光下一直读到天亮。

在生命的每时每刻，杰克·伦敦都在向书籍走去，向智慧进军。他不是应考的学生，也不是在知识旁取暖的路人，他是一个热情的追求者。他每遇到一本书时，"不是用小巧的撬子偷偷撬开它的锁，然后盗取点滴内容，而是像一头饿狼，把牙齿没进书的咽喉，凶暴地吮尽它的血，吞掉它的肉，咬碎它的骨头，直到那本书的所有纤维和筋肉都成为他的一部分"。

杰克·伦敦没有受过良好的教育，甚至连中学都没有读完，凡世人借以成就事业的客观条件，可以说他一概都不具有。但是，由于有着"爱读书"的"真实癖好"，由于有着顽强刻苦的奋斗精神，他最终成为一名知识的巨人，并在短短的14年创作生涯中，写下了50余部脍炙人口的小说。

廖沫沙

读破万卷书，自学必成才

● 人物光影

　　廖沫沙（1907—1990），中国著名的杂文作家，革命家。原名廖家权，湖南长沙人。1922年，入长沙师范学校，曾和贺绿汀组织文学社，办文学刊物，做过报纸副刊的助理编辑。1927年，在田汉主办的上海艺术大学文学系旁听，在《南国月刊》等杂志上发表了《燕子矶的鬼》等戏剧作品。主要著作有：《鹿马传》《分阴集》《廖沫沙杂文集》《纸上谈兵录》《三家村札记》（与邓拓、吴晗合著）。

　　廖沫沙从小酷爱阅读文学方面的书籍。小学三年级，他便读了《东周列国志》《三国演义》《水浒传》之类的小说。到了高小，除读完了《儒林外史》《红楼梦》等一些古典小说外，还背诵了大量古体诗词，同时还读过谢冰心、詹大悲的小说集，以及沈雁冰、郑振铎等人汇编的《新的小说》《小说月报》等刊物，接触了外国的一些优秀文学作品。1922年，即廖沫沙15岁那年，他考上了徐特立创办的湖南长沙师范学校。从此，他开始阅读创造社、文学研究会出版的书。同时，鲁迅先生主编的《语丝》以及鲁迅先生本人的文集，他都逐字逐句研读过。25岁那年，他在《自由谈》上发表了几篇杂文。于是，他同杂文结下了不解之缘。他觉得鲁迅先生的杂文写得好，富有战斗性，便处处留心研究、学习。由于杂文无所不谈，这就要求作者有广博的知识。从此，他读书的范围突破了文学的藩篱，进入到天文、地理、社会、历史、政治、军事等领域。

1936—1949年，廖沫沙曾经先后在《抗战日报》《救亡日报》《华商报》《新华日报》等报社从事新闻编辑工作。抗日战争爆发后，报纸上刊载的战报占有主要的版面。一切政论、时评，均离不开抗日战争的主线。军事问题成了一切文章的主题。为了适应时局发展的需要，他不得不担当起谈军事、写军事的任务来，为他在学习、工作和写作上开辟了一条新路。过去是，读到什么写什么，后来便改成了要写什么，就去读什么、学什么。过去是先学后做，后来是一边写作，一边读书。他读的头一本军事著作是毛泽东于1938年6月发表在武汉《新华日报》上的《抗日游击战争的战略问题》。后来，他又连续研读了毛泽东的《论持久战》和《论新阶段》，同时阅读了中外的一些军事名著，如：中国古代的《孙子》和《吴子》、德国军事家克劳塞维茨的《战争论》、鲁登道夫的《全民战争论》。读了这些书以后他不但懂得了"战争是政治的继续"，军事离不开政治等原理，而且对军事学中的许多名词、术语，理解得比较清楚，且能运用这些概念分析与综合当时报纸上所反映的战争情况，探索它的发展规律，估计它的发展形势，并且预测它的发展动向、前途和结局。

这种边写边学的方法，是符合唯物主义认识论的。就靠这种方法，仅1947—1949年的两年间，他在香港《华商报》和《群众》半月刊上，发表的军事论文多达60余篇，几乎每周都写一篇。

廖沫沙认为，好的读书方法，可以加快青年人自学成才的进程。读书破万卷，自学必成才，这即是廖沫沙学习经验的总结，也是对青年一代的鼓励。

林　肯

读书之光照亮人生征途

● 人物光影

　　亚伯拉罕·林肯（1809—1865），美国第16任总统，著名的演讲家、律师。他谦虚谨慎、风趣幽默，有卓越的演讲才华。林肯出生于肯塔基州的一个清贫的农民家庭，干过农活，当过小店掌柜，后来还做过律师、当过邮政局长。1860年，当选美国总统。在任期间，他领导了对南方奴隶制度解放的战争，颁布了《解放黑人奴隶的宣言》，维护了联邦的统一。

　　1860年10月，美国大选结果揭晓，共和党人林肯以200万张选片当选美国第16任总统。此时，美国南北双方因奴隶制存废问题发生分裂。他上任后，采取果断措施，维护了美国的统一，赋予黑人做人的权利，使"上帝创造的人"在法律面前得到了平等。林肯的这一举措给人类的精神伦理带来极大的振奋。美国人因此盛赞林肯总统是"民族之魂"，是最真诚的人！

　　然而，林肯的童年是非常贫苦的。他的才能是用辛勤的汗水浇灌出来的。冬天，凛冽的寒风冲进林肯家的小木房。那时，林肯没有鞋穿，光着脚，穿着他妈妈手工做的鹿皮裤子和粗麻短衫。他们的食物主要是垦荒得来的玉米、猎取的动物及采摘的野菜。

　　就是在这样的条件下，林肯在全家唯一识字的母亲的教导下，开始接触一些动人的故事，学习写一些字。后来，他们住的地方接连来了两位教师，开办了一所学校，林肯开始接受并不正规的学校学习。可是，好景不长，两位教师都因为待遇问题离开了。老师走了，林肯渴求知识的欲望越来越强烈，学习劲头丝毫不减。他自己找来了很多书，一本本地啃着。西方人爱读的《圣经》，以及他妈妈从前读过的又旧又破的书，他都一一钻研。晚上，他点燃香木读书，或在其他燃料的火光下读书。他喜欢朗读，尤其是大声地朗读，直至他成为大人物时仍是如此。

　　林肯成为总统以后，曾回忆道："我的一切和我的作为都是天使妈妈赐给的!"然而,就在林肯9岁的时候,母亲去世了,但林肯读书学习的意志更加坚定了。他坚持每天读书,即使是在地里干了一整天农活,晚上回来也要读书。妈妈留下的几本书他读了无数遍,接着他又找来两三本数学书来研读。在昏暗的炉火边,林肯以木炭当笔、树皮作纸,演算着数学题。渐渐地,他将村子附近所有可能借到的书都借来看过。当他听说几里地以外,有一个人藏有一本关于印第安法的书,便光着脚跑到那个人家里,终于借来了那本书。有一次,他听说克拉福德有一本关于美国总统华盛顿的书,林肯借来看到鸡叫五更方才入睡。当他醒来时,发现抱在怀里的书因房子漏雨淋湿了。他急忙烘干了书,并告诉书的主人书淋过雨。克拉福德说:"这本书是花75美分买来的,你给我干三天活,我把这本书送给你。"于是,林肯便为他劳动了三天,得到了那本《华盛顿传》。

24岁那年,他在密西西比河岸的一个村庄卖针和白布。一天,他来到罗克河的兵营里,在这里他认识了一位年轻的法官斯图特。这位法官住在喷泉城,有一个私人图书馆。林肯得知这一情况后非常高兴,他决定去喷泉城拜访这位朋友。斯图特看到林肯来了,盛情款待,并对林肯说:"不要说你想借一本书读读,就是把我图书馆的书借去读完,我也高兴啊。"斯图特告诉林肯,他的图书馆里哪些是好书,哪些是必读书,以及怎样循序渐进地读书。林肯从斯图特的图书馆里借到了书,就徒步赶回家。夜很深了,而他的两只手依然捧着书,这时他在路上已经读了三四十页了。

林肯的伟大业绩与他小时候夜间读书的灯火一样长明。灯火照着他读书,书中的知识之光照着他,在人生的征途上奔走。

罗蒙诺索夫

只想要书

● 人物光影

米哈伊尔·瓦西里耶维奇·罗蒙诺索夫(1711—1765),俄国化学家,哲学家。1755年,创办了莫斯科大学。1760年,他当选为瑞典科学院院士,1764年,当选为意大利波伦亚科学院院士。主要著作有:《论固体和流体》《论热和冷的原因》《试论空气的弹力》《论化学的效用》《真实物理化学概念》。

罗蒙诺索夫是一个渔夫的儿子，8岁时便失去了亲生母亲，后来经常不断受到继母的虐待。但是，他却有着一颗坚强不屈、好学上进的心。在他的心目中，书就是他的最爱。

12岁时，罗蒙诺索夫已跟父亲去海上打鱼了。白天，他在船上干活；晚上，他躲在板棚里看书。有一天，他们正在海上捕鱼，突然，狂风四起，把他的帽子都吹到了甲板上。不一会儿，海上掀起了巨浪，船上的帆篷也被吹落了，情况十分紧急。说时迟，那时快，只见罗蒙诺索夫猛冲上前，沿着摇摇晃晃的桅杆哧溜一下爬了下去，飞快地把吹落的帆篷扎结实了，渔船又回复了平稳。狂风过去之后，父亲把儿子拉到了身边，笑眯眯地说："孩子，我要奖励你的勇敢，给你买件鹿皮上衣，好吗？"罗蒙诺索夫摇了摇了头。父亲又问："那你要什么呢？"罗蒙诺索夫答道："我要买一本书，爸爸，其他我什么都不要。"父亲不解地说："难道一件鹿皮上衣还比不上一本书？"罗蒙诺索夫用充满着渴望的眼神说："爸爸，我想要一本什么知识都有的书。比方，天上的星星为什么会掉下来，为什么黑夜过去就是黎明……"父亲和水手们听了，都惊奇得睁圆了眼睛。

一个寒冷的冬天，风呼呼地怒吼着，雪越下越大，罗蒙诺索夫却全然不顾，依然聚精会神在微弱的灯光下阅读书籍。突然，门被打开了，冷风一下子灌了进来。罗蒙诺索夫打了个冷战，抬头一看，吓了一跳。原来，是他的继母闯了进来。只见她怒气冲冲，一边骂，一边把罗蒙诺索夫赶出屋去。罗蒙诺索夫站在屋门口，冻得瑟瑟发抖，可他还是不去睡觉。他将耳朵贴在门上，细心地听着里边的动静。待屋里的灯灭了，响起了熟睡的鼾声，他又钻进一间堆放杂物的板棚。板棚内，又脏又乱，散发着难闻的霉味，板壁的裂缝里灌着一股股寒气，使他浑身发抖。可是，罗蒙诺索夫并没有退缩，他点起半截蜡烛，趴在一只四底朝天的大木桶上，又开始读起书来。

15岁那年，罗蒙诺索夫的父亲带他去邻居杜金家相亲。一进门，他就被书架上的一本包含各种知识的书——《算术》吸引住了，而对于姑娘的模样，却压根儿没有在意。他"贪婪"地翻阅着，书中描写的风暴、月亮、海潮等神奇的自然现象，顿时占据了他的整个身心。强烈的求知欲，驱使他下决心不惜一切要把《算术》书换到手。于是，他跟杜金兄弟说，他愿意拿出所有喜爱的东西换取那本《算术》。大杜金便趁机敲罗蒙诺索夫一把，说是必须用一头小海象才能换。罗蒙诺索夫求书心切，不假思索地一口答应，却根本没有想到当时还不是捕捉小海象的时节。然而，一言既出，必须说到做到。他便用替人干40天活的代价，换得一只小海象，从而如愿以偿地将《算术》换到了手。谁知没过几天，杜金兄弟又来索要《算术》了。原来由于他们饲养不善，小海象死了。这突如其来的情况使罗蒙诺索夫不知所措，但他坚守一条，那就是说啥也不能给书。僵持了片刻，杜金兄弟见要书不成，就商量出一个捉弄罗蒙诺索夫的花招，要罗蒙诺索夫在远处小山岗的坟地上过一夜。罗蒙诺索夫一听，立刻毛骨悚然。以前，他曾多次听大人们说过，那个坟地埋着一个巫师的尸体，到了深夜经常闹鬼，吓得连村里胆子最大的人也不敢走近。但是，为了保住那本已经到手的《算术》，他还是毅然答应了。当天晚上，罗蒙诺索夫手里攥着《算术》书，昂首挺胸地向坟地走去。深夜里一片漆黑，万籁俱寂，他平躺在坟头上，仰望着满天繁星，心想着《算术》的内容，将所有恐惧都弃于脑后了。就这样，他终于保住了使他获得知识的这本书——《算术》。

拿破仑

读书是贫穷人的享受

● 人物光影

拿破仑·波拿巴(1769—1821)，法国资产阶级政治家和军事家、法兰西共和国第一执政官、法兰西第一帝国皇帝。法兰西共和国近代史上著名的军事家、政治家，使法国资产阶级革命的思想得到了更为广阔的传播。在位时期，是法国人民的骄傲，时至今日，仍然受到国民的尊敬与爱戴。

拿破仑任法国第一执政官时，得知有人要封闭公共图书馆十分愤慨："我决不允许任何此类事件。我并没有忘记我自己的经验，能有一个温暖的、可以看报和阅读最新宣传刊物的地方多么重要，我决不允许剥夺像我以前那样贫穷的人们的这种享受！"由于拿破仑的干预，这批公共图书馆保存下来了。

　　拿破仑，在人们心中是一位不可一世的皇帝，他为什么如此重视图书馆呢？正如他自己所说的，是与他"自己的经验"分不开的。

　　拿破仑出身于法国科西嘉岛一个没落的贵族家庭，他的父亲是阿雅克修城的法庭顾问，全家人有十口之众，所以家庭生活不太宽裕。拿破仑进入巴黎军官学校不久，他因父亲去世而中途辍学，随即加入军队的行列。之后，便成为一名炮兵少尉。他每个月必须把大部分薪金寄给母亲，只留下很少一部分勉强维持个人生活。由于经济拮据，很少与人交往，常常一个人待在闷热的房间里废寝忘食地博览群书。拿破仑是一个特别重视行动的人，他不会长期让自己陷于苦闷的深渊之中，于是他大量地读书，从不多的收入中省下钱来买书。

　　有趣的是，1788年在奥松城驻防时，拿破仑因过失被关了禁闭。他在禁闭室里无意中发现了一本查士丁尼法令汇编，他欣喜若狂，就贪婪地逐字逐句地反复阅读，以致把这本书背熟了。10多年以后，他还能背诵其中某些条款。在一次主持《民法典》即《拿破仑法典》的会议上，他倾听着法学家们的发言，当会议各方无法达成共识时，他随口引出若干条有关罗马法的条文，并以醒目的方式把结论归纳出来，这使出席会议的法学家们大为惊叹。

　　1793年的土伦之战，他凭借从书中获得的丰富的火炮知识和灵活的战略思想，率领军队攻下了人们认为无法攻克的土伦，从而平息了封建王党的叛乱。从此，这位24岁的青年晋升为少将。

　　1798年3月5日，拿破仑被任命为埃及远征军总司令，率船350艘远征埃及。船上除了运载3000名士兵、1000多门大炮、175位他特意从各地调来的专家学者外，还有一个小型图书馆。图书馆里的书是他自己认真挑选的。由于晕船，航行时他躺在床上，让别人读有关埃及游记和亚历山大战役的书给他听。莫说读书在军旅中是小事，据说在埃及的战争中，有一次被围，拿破仑想起了圣经里的一个故事，故事里说山上有条绝道可以突围，他依此指挥战斗，居然成功了。

　　拿破仑一生大约指挥过近60次战役，其中有很多大战役。拿破仑总爱带着一个"图书馆"参战，人们称之为"随军图书馆"。这个图书馆里大多是小开本的袖珍书，每本书外有一个皮革封面，这样便于携带，也便于保存，不怕露宿雨浸。60册书装在一个箱内，箱外贴着图书目录。

　　作为一位国家元首对图书馆如此深情，莫过于拿破仑了。因为拿破仑深深地体验了"贫穷"与"图书馆"的滋味。他认为，图书馆是贫穷人摆脱贫穷、获得积极生活的一种高尚的享受。而有谁能比拿破仑更会获取这种享受呢？

牛 顿

刻苦读书，勤奋思考

● 人物光影

牛顿（1643—1727），英国伟大的数学家、天文学家和物理学家。1661年，牛顿进入剑桥大学三一学院学习。1669年，牛顿被选为卢卡斯数学教授。1672年，牛顿被选为伦敦英国皇家学会会员。1688年，被剑桥大学推选为国会议员。1703年，被选为皇家学会主席。1696年，牛顿任造币厂监督，1699年升任厂长。1705年，因改革币制有功，英国女王赐他爵士称号，他是科学家中获得爵士称号的第一人。主要著作有：《关于运动》《自然哲学的数学原理》。

牛顿是英国著名科学家，近代力学之父。1643年12月25日，他生于英格兰林肯郡伍尔斯索普，是自耕农艾萨克·牛顿的独生子。牛顿的童年充满了辛酸，因此他从小就发奋读书，爱动脑筋，钻研生活中出现的各种现象，成年后对物理的研究更到了痴迷的程度。他一生硕果累累。在力学方面，建立了成为经典力学基础的牛顿运动定律，发现了万有引力定律；在光学方面，发现白光是由不同颜色的光（即不同波长的光）组成，为光谱分析打下了基础，并制作了牛顿色盘，观察到牛顿环，提出光的微粒说；在热学方面，确定了冷却定律；在天文学方面，研制了反射望远镜，初步考察了行星运动规律，解释潮汐现象，预言地球不是圆球体，并由此说明日差现象；在数学方面，提出"流数法"，成为微积分数的创始人之一，还建立了二项式定理。

勤奋学习，持之以恒，是牛顿治学的出发点，也是他献身科学事业的基础。小时候，他宁愿蜷曲着躺在树下看书，也不把注意力集中在管理田园事业上；中学时，他熟练地掌握了拉丁文，并以其机械才能和工艺才能制造了一些机械模型，如钟和风车等；上大学期间，牛顿曾废寝忘食地去读当时数学上的最新著作——笛卡尔的《几何学》。此书很难读，他读了大约10页，然后停下来，再从头开始，比第一次稍进步一点，又停下来，再从头开始读下去，直到他自己成为全书内容的主人。勤奋好学是学生时期牛顿的突出优点，他立下誓言，要把毕生的精力献给人类最崇高的科学研究事业。牛顿有一种透视问题核心的直觉，并有惊人的聚精会神的能力。有时他会呆坐好几个小时，然后又挥笔疾书甚至都顾不上拿把椅子过来坐。牛顿认真领会了他们创建的每一门学科的科学研究方法，并把它总结为：第一步，要从事实出发，以观察和实验为依据，提供概念和概念之间的依从关系；第二步，找到推理方法，主要是数学工具；第三步，把推导过程与事实印证。牛顿根据这个思维方式，很快就建立了二项式定理，推导出微积分以反映瞬间的变量关系。他又用三棱镜把白光分解成七色光，并确定每种颜色光的折射率。他还继承笛卡儿，把地上的力学应用到天体现象的观测上，以此探索行星椭圆轨道问题，把苹果落地与月亮绕着地球的运动联系起来研究，终于发现了万有引力定律。

牛顿的时代，是近代科学与文学艺术、思想解放汇合在一起的时代。

培　根
崇尚知识

● 人物光影

弗兰西斯·培根（1561—1626），英国著名的哲学家、作家和科学家。他竭力倡导"读史使人明智，读诗使人聪慧，数学使人精密，哲理使人深刻，伦理使人有修养，逻辑修辞使人善辩"。他推崇科学、发展科学的进步思想和崇尚知识的进步口号，并以此推动着社会的进步。这位一生追求真理的思想家，被马克思称为"英国唯物主义和整个现代实验科学的真正始祖"。他在逻辑学、美学、教育学方面也提出许多真知灼见。

主要著作有：《论古人的智慧》《散文集》《伟大时刻》《人生论》《学术的进步》《新工具》《论说随笔文集》。

培根是法学家、科学家、政治家、哲学家和英国语言大师，近代实验科学的奠基人。他一生孜孜不倦地刻苦学习，扎扎实实地进行科学研究活动，在众多的科学领域内为人类留下了宝贵的成果和重大发现。培根强调发展自然科学，提出"知识就是力量"的口号。1561年1月22日，他出生于英格兰一个新贵族家庭，是掌玺大臣尼古拉斯·培根爵士再婚后所生两个儿子中的次子。1576年，培根毕业于剑桥大学，1576年被搁雷律师学院接纳，1603年被授予"爵士"称号。

少年培根天资聪明，智力超人，12岁进入剑桥大学三一学院攻读神学、形而上学，同时学习逻辑、数学、天文学、希腊学和拉丁文。但是，大学里教授的大部分知识，却使他在精神上感到窒闷。当时不满16岁的培根，已经开始寻求一条革新之路。大学时代的培根已经确信，当时的正统学术是一种无益于人类的繁琐哲学，有必要从根本上革新。因为它们对人类的生活和幸福毫无应用价值。当时，英国思想界正受到文艺复兴以后欧洲兴起的新文化、新思潮的强烈冲击，少年培根极其敏锐地感受到时代的这一脉搏。正是在这个时候，他产生了改造当时学术风气的抱负。尽管后来培根由于父亲的去世使他从一个贵族公子突然沦为一个穷人，但他为了这一目标进行了毕业的奋斗。培根非常注重实践和知识，从实验中获得丰富的知识结构。他说："我无意于功名利禄、升官发财，我只希望能得到一个职位可以谋生，并有足够的闲暇时间，使我能从事我所热爱的科学研究。我的荣誉感正使我走向一个新事业。我已做出了一些重要的发现。我想清扫那些无意义的哲学争论。而探索一种可以通过观察思考发现，去达到真力的新途径，使人类知识获得进步。"培根强调，读书可以作为消遣，可以作为装饰，也可以增长才干，求知可以改进人性，而经验又可以改进知识本身。人的天性犹如野生的花草，求知学习好比修剪移栽，学问虽能指引方向，但往往流于浅泛，必须依靠经验才能扎下根基。

学习借鉴培根崇尚知识的思想，必须正确认识知识时代的到来给人类带来了全方位的革新，注重实践对科学研究的作用，把科学植根于实践，在实践的基础上抽取科学的萌芽，把名言"知识就是力量"落到实处。

丘吉尔

博学多艺

● 人物光影

　　温斯顿·伦纳德·斯宾塞·丘吉尔（1874—1965），英国政治家、画家、演说家、作家及记者。曾于1940—1945年及1951—1955年期间，两度出任英国首相，被认为是20世纪最重要的政治领袖之一，带领英国获得第二次世界大战的胜利。1953年，获诺贝尔文学奖。主要著作有：《第一次世界大战回忆录》《第二次世界大战回忆录》《英语民族史》、小说《伦道夫·丘吉尔勋爵传》。

　　成绩不好的学生。丘吉尔在中学读书期间是学校中最顽皮、最贪吃、成绩最差的学生之一，因此经常遭到老师的体罚，后来不得不转学到另一所学校。1888年，丘吉尔进入仅次于伊顿公学的哈罗公学就读，但是成绩依然不佳，虽然丘吉尔的学习成绩不好，但是他后来之所以成功，关键取决于他的综合素质。伦道夫勋爵于是决定，在儿子毕业后将他送到桑赫斯特皇家军事学院。从军校毕业后，丘吉尔被分配到第四骠骑兵团任中尉。

　　1895年10月，刚刚当上中尉的丘吉尔利用假期和朋友一起到古巴亲身体验了西班牙和古巴人民的起义战争。丘吉尔被英国情报部门看中，要他负责收集西班牙军队使用枪弹的情报。此外，《每日纪事报》也聘请他为随军记者，为该报发稿。一个月后，历经了战火、身怀一枚西班牙红十字勋章的丘吉尔回到英国。古巴之旅使丘吉尔爱上写作和记者的生活。1896年，丘吉尔随部队调往印度。在那里，他以《加尔各答先驱报》和《每日电讯报》的记者身份采访了英国的军事行动。他在向两张报纸所发出的稿件基础上再加入自己收集到的其他资料，写出了第一部著作《马拉坎德野战军纪实》，1898年该书在英国出版。之后，他又相继出版了自己的小说《萨伏罗拉》和有关英国和苏丹战争的《河上的战争》。

每天阅读4小时或5小时的历史、哲学著作。

丘吉尔出身于声名显赫的贵族家庭。祖先的丰功伟绩、父辈的政治成就以及家族的荣耀和政治传统，无疑对丘吉尔的一生产生了巨大的影响，为丘吉尔提供了学习的榜样，树立了奋斗的目标，也培育了他对国家的历史责任感，这成为丘吉尔一生孜孜不倦地追求和建功立业的强大驱动力。丘吉尔未上过大学，他的渊博知识和多方面才能是经过刻苦自学得来的。

他年轻时驻军于印度南部的班加罗尔，在那里，有半年多的时间他"每天阅读4小时或5小时的历史和哲学著作"。自那以后，丘吉尔从柏拉图、吉本、麦考利、叔本华、莱基、马尔萨斯、达尔文、王尔德等著名思想家、哲学家、历史学家和生物学家的著作中吸取了丰富的思想营养，为他以后从政带来巨大作用，使他的思想更加深刻，人生信念更加坚定，也使他成长为"我们生活的时代里最杰出和多才多艺的人"。

伟大的演讲家。丘吉尔在议会的辩论中，尤其是在第二次世界大战中的重要时刻，发表了许多富于技巧而且打动人心的演讲，给人们留下了极深的印象。他来生最愿意做的事是想与王尔德对话。丘吉尔之所以青睐奥斯卡·王尔德，很大程度上是因为王尔德的机智与辩才。1953年，丘吉尔被授予诺贝尔文学奖。瑞典文学院在授予他诺贝尔文学奖的颁奖词中说："丘吉尔成熟的演说，目的敏捷准确，内容壮观动人。犹如一股铸造历史环节的力量。丘吉尔在自由和人性尊重的关键时刻，滔滔不绝地演说，别有一番动人心魄的魅力。也许他自己正是以这伟大的演说，建立了永垂不朽的丰碑。"S·席瓦兹院士在颁奖词中还说："丘吉尔在政治上和文学上的成就如此之大，此前从未有过一位领袖人物能两样兼备而且如此杰出。"的确，为丘吉尔树立丰碑的不仅是他的作品和演讲，而且是他作为一名政治家和反法西斯斗士的光辉业绩。

塞尔玛

听故事长大的诺贝尔文学奖获得者

● 人物光影

塞尔玛·拉格洛夫（1858—1940），瑞典女作家、1909年诺贝尔文学奖获得者。1858年11月20日，她出生于瑞典中部韦姆兰省的一名军官的小庄　园——莫尔巴卡庄园，并且在那里度过了童年、青年和晚年。主要著作有：《假基督的奇迹》《一座贵族庄园的传说》《孔阿海拉皇后》《耶路撒冷》《在拿撒勒》《红胸脯的鸟》，《阿尔纳先生的钱》《尼尔斯骑鹅旅行记》。塞尔玛出生后不久，左脚不幸成了残疾，3岁半时，两脚完全麻痹不能行动。从此以后，她总是坐在椅子上听祖母、姑妈和其他许多人讲各色的故事和传说。

塞尔玛的父亲是位陆军中尉，结婚后一直居住在莫尔巴卡庄园，从事农业劳动。劳动之余，全家人围坐在一起朗读诗歌和小说。父亲酷爱文学，以及热爱韦姆兰家乡风俗习惯的传统，是塞尔玛从他那里获得的两项极为宝贵的遗产，对她的文学生涯起了很大的作用。在她的作品中，尤其是描写童年和青年时代的作品中，父亲往往成了她作品中的重要人物。

除了父亲以外，祖母和姑妈对拉格洛芙的成长也有很大影响。她们两人心中装着讲不完的丰姆兰民间传说和故事，尤其是祖母，讲起故事来语调感人，表情丰富，孩子们喜欢围着她，从早到晚听她讲故事。那些瑞典和北欧的诗人、作家以及丰姆兰地方的民间传说和故事，极大地影响了塞尔玛早期的艺术风格。

塞尔玛从小就特别喜欢童话，她的生活里到处能够见到童话的痕迹。母亲是一个少言寡语、极其安静的人，但是她对儿女的爱却一点都不少。在冬天的漫漫长夜里，母亲总会坐在暖暖的壁炉前，给孩子们读安徒生童话以及别的小说等。

在塞尔玛刚刚认识不多字词的时候，她就开始找书，她要亲自去体会童话里的世界。她为书中高贵的英雄所折服，鄙视那些社会底层的流氓和无赖……看到高兴的时候，她会呵呵地笑出声；看到主人公被人欺侮，她的小拳头也攥得紧紧的……在她幼小的心灵里，外面的世界就像书中展示的那样。

在她所读的书中，有一本深深地影响了这个未来的作家，这就是《欧西欧拉》。这本书讲的是印第安人的故事。看完书以后，塞尔玛暗下决心：以后一定要成为一位好作家，写出像这样的书来。有了这个坚定的信念，她更加如饥似渴地读书，几乎是泡在书堆里。阅读的范围也日益广泛，不再凭着自己的爱好，仅仅阅读童话和小说。那时候，只要是能找得到的书，她拿来就读，看不懂的就多看几遍。15岁的时候，她读完了家里所有的藏书。16岁的时候，她进行了大胆的尝试，创作了自己的第一首诗，从此开始了职业作家的生涯。

塞尔玛一生著作很多，但最著名的还是《尼尔斯骑鹅旅行记》，这也许是源于童年时她对童话的热爱。

张广厚

中考时曾名落孙山

● 人物光影

张广厚（1937—1987），中国著名的数学家。1956年，于北京大学数学系学习，得到庄圻泰教授的指导，成绩突出。1962年，毕业后在中国科学院数学研究所当熊庆来教授的研究生。1966年，留数学所工作。1977年，任副研究员。1979年，成为研究员，一直从事整函数和亚函数理论的研究工作。与杨乐合作的研究成果，被国外的数学家称为"杨张定理""杨张不等式"。

一般人也许会认为，张广厚能够在数学领域里卓然成家，驰名于世，一定是因为他一生下来就具有超人的数学天赋，而哪里知道他在读小学时成绩相当的糟糕，报考初中时还曾名落于孙山呢。

张广厚出生于一个穷苦家庭，为生活所迫，张广厚小小年纪就到矿上去当童工，根本没有时间好好读书。后来，虽然有了上小学的机会，可由于从小就缺少良好的学习环境和学习习惯，他学习并不用功，也不把读书当作一件正事。课余，他喜欢独自一人，仰望着蓝蓝的天空，看着随风飘荡的白云，看着自由飞翔的小鸟，看着矫健翱翔的雄鹰，陷入那美妙的想象之中：要是自己也能像雄鹰那样在天空任意翱翔，那该有多好啊！可是，幻想再好，如果它离开了现实的土壤，那也只能是空想。上课时，他的思想又总爱开小差、跑野马，尽想些与老师的授课风马牛不相干的东西，有时干脆一个人躲在课堂后面琢磨着"车""马""炮"在汉界楚河中的驰骋厮杀。苦藤结苦瓜，由于耽于幻想，学不专心，张广厚的成绩也就一塌糊涂，以致在报考初中时，落得个名落孙山的结局。

中考落第，对张广厚的刺激着实不小，好在他并没有因此而灰心丧气，一蹶不振，而是由此猛然醒悟，明白了"业精于勤，荒于嬉"的道理。他决心，在什么地方跌倒，就从什么地方爬起来。于是，他进了"童工补班"，发誓打个翻身仗。他急起直追，苦学苦钻，课前抓紧预习，上课专心听讲，课后做好作业，学习中的每一个环节他都认认真真，一丝不苟，跟先前好像是彻底换了个人似的。

有一次星期天，张广厚在做作业时遇上了一道数学难题，他苦思冥想，用了许多脑细胞，也没有能解出来。可他没有望而却步，而是拿出课本，一遍又一遍地复习相关的章节，一次又一次地推敲题目的含义，花了整整一个下午，终于将这只拦路虎斩于马下。就凭借着这种顽强不屈的精神，他的成绩慢慢地提高了。开始，别人花一天时间能学好的东西，他起码要花两天时间，渐渐地，他花跟别人同样的时间也能学懂弄通了；到了后来，人家要学一天的东西，他只要学半天甚至更少的时间就行了；再到后来，"蜗牛"变成了"火车头"，他的成绩一跃成为全班第一名。

张广厚读书不仅认真刻苦，而且肯动脑筋，颇有"心计"。他看书和做作业绝不抱任何幻想，而是一定要细细领会，切实把握。他不只专心看书，认真做题，而且还把所做的笔记和题目，甚至还把具有代表性的习题的草稿，一一装订成册，分门别类，当作珍宝一样全都保存起来。通过这样的一番整理归类，他所读的那几本薄薄的课本就变得厚实了，他所学习的知识也就显得更加有系统、有条理，并在他的脑子里将它们放在了应该归属的位置上。

切切实实的努力，终于换来了令人满意的回报。第二年，他重新报考初中时，竟以算术满分的优异成绩，考上了唐山市的开滦第二中学。

阿西莫夫

借书证里的科幻世界

● 人物光影

艾萨克·阿西莫夫（1920—1992），美国当代最著名的科普作家、20世纪世界级科幻小说作家之一、文学评论家，美国科幻小说黄金时代的代表人物之一。他一生著述颇丰，在近500本的作品中，有100余是部科幻小说，已远远超过了"著作等身"的地步。主要著作有：《基地》系列、《机器人》系列。

阿西莫夫出生于离莫斯科西面200英里的小城镇——彼得维奇。3岁那年，阿西莫夫随父母移居美国的布鲁克林。他父亲选居这里，是为了孩子的成长。于是，父亲在这里开了一个糖铺，做起小本生意来。这个新来的移民通过吃苦耐劳，积累了一些资本，连续增开了几个糖果铺。阿西莫夫对糖果铺不感兴趣，真正感兴趣的是当地的公共图书馆。

阿西莫夫5岁时，常跑到邻居的一个图书馆去玩。在这个公共图书馆里，他看到了很多图书，看到很多读者进出图书馆。这个图书馆里，他看到了优美的雕塑和画片。于是他提出了要求，要读书。6岁时，他得到了一个图书馆的借书证，但一次只准借两本书。于是，阿西莫夫就挑选了两本最大的书，以便阅读的时间长一些。

学校每学年发给学生的教科书太少了，阿西莫夫只用一周时间就把它们读完了。凡读过的书他全能记得，每字每句都装在脑子里。当要引用某书的资料时，他不是查阅原著怎么说，或者找资料在哪一页，而是凭借超常的记忆力，清清楚楚地将引用资料信手拈来，以至于阿西莫夫创作的书稿，只是在写好的时候，自己再阅读一遍，简单地核对一下，就出版了。

引起阿西莫夫对科幻小说的兴趣，是他9岁时阅读了《科学奇异故事》杂志上的一篇文章。他觉得这些科幻小说很有魅力，读起来带劲，于是他的头脑中就产生了很多科幻的遐想。11岁时，他可以写出一些长篇科幻故事。

16岁那年，阿西莫夫高中毕业，考入哥伦比亚大学攻读化学。17岁时，他想给出版社写一个科幻故事，但缺乏足够的勇气。一年以后，他到《惊险科学小说》杂志社去查阅他订的刊物为何不能如期到达时，那里的编辑热情地接待了他，并与他进行了亲切的交谈，这给阿西莫夫很大的启发。回家后，他继续写那份未完的书稿，并遵循父亲的建议，将写好的稿件送给了《惊险科学小说》编辑部。编辑小约翰·伍德·坎伯尔和蔼地对阿西莫夫说："我愿同你一道工作。"1938年，刚刚18岁的阿西莫夫，发表了他的第一篇科幻小说。

19岁时，阿西莫夫在哥伦比亚大学获得化学硕士学位。毕业后他到部队短期服役，在费城从事军事科研工作。1948年，他获得博士学位。1949年，阿西莫夫被波士顿大学聘为生物化学讲师。1955年，聘为副教授。1958年，他放弃了科学研究，专门从事写作。在一栋楼的顶层房间里，他的手在打字机的键盘上飞舞，创作出一篇篇文章、一本本科幻著作。

1950年，《黄昏》《机器人》《财团》三部曲的问世，使他在科幻小说界声名鹊起。这些作品绝非巧言利舌，无病呻吟，而是把一些严肃的科学道理以灵巧生动的笔法撒播在人间。一位美国著名的天文学家卡尔·萨根评论阿西莫夫对社会的贡献时说："在这个科技时代，我们需要有人在科学与人民大众之间起联系作用，即中介作用，在这方面没有一个人能把这个工作做得像阿西莫夫那样出色，他是这个时代伟大的讲解员。"

爱迪生

图书馆里走出的发明天才

● 人物光影

托马斯·阿尔瓦·爱迪生（1847—1931），尽管一生只在学校里读过3个月的书，但通过勤奋好学，勤于思考，发明了电灯、电报、留声机、电影等1000多项成果，成为著名的发明家，被誉为"发明大王"，为人类的文明和进步做出了巨大的贡献。爱迪生同时也是一位伟大的企业家，1879年，爱迪生创办了"爱迪生电力照明公司"。1890年，爱迪生将各种业务部门组建成爱迪生通用电气公司。1892年，汤姆休斯敦公司与爱迪生电力照明公司合并，成立了通用电气公司。

爱迪生是美国的发明大王，一生共有1000多项发明，平均15天就有一项发明，这在世界上是绝无仅有的。至今，只要一提起"爱迪生"，人们就会联想起他那智慧而又勤劳的一生。

爱迪生出生于美国俄亥俄州的米兰镇，7岁那年，全家移居到密歇根州休伦港，他在那里上小学。由于家庭生活困难，爱迪生只上了3个月的学就辍学了。从此，爱迪生就没有再步入课堂。然而，爱迪生是热爱知识的，他的学习并未因此而结束。

爱迪生12岁那年，底特律修了一条铁路到休伦，爱迪生第一次看到火车，便登上火车寻找生路。当时，《底特律自由报》是当地一份影响较大的报纸，他决定在火车上卖报，赚一点儿钱贴补家用。

休伦到底特律的火车是客货混装车，车到了底特律要停8个小时，等候加水、加煤、装卸货物，以及旅客的上上下下等等，当一切准备就绪，再开往休伦。随同火车来去的爱迪生，到了底特律需要找一个地方落脚。底特律有一座公共图书馆，这里清洁卫生、安静文雅，读者进进出出，方便自由。他第一次来到这所图书馆是避雨，并不知道图书馆是干什么的。连续几天阴雨，使他下了火车只能走进图书馆。渐渐地，他发现图书馆是个学习的好地方，在这里读书看报不需要花钱。从此，爱迪生下了火车就走进图书馆，在这里读书看报，直到下午火车要开时才离开。

图书馆里如同长龙的一排排书架，激发了他的好奇心，也引起了他对知识的渴望。爱迪生想把图书馆里的书都读完。这位小读者每天在图书馆里一丝不苟，聚精会神地读书，临走的时候总是从包里拿出一把尺子在书架上量量。这个举动被图书馆里的管理员看到了。他便问爱迪生："小朋友，你还书的时候为什么要用尺子量我们的书架呢？"

爱迪生回答说："我不是量书架，而是看看我读了多少书，计算一下你们书架上的书我什么时候可以读完！"

图书管理员很喜欢这个天真可爱的孩子。他知道一个人只知读书，不知如何读书是不行的。于是，便告诉爱迪生："读书要有目标，有了目标，再制定一个读书计划，循序渐进地读才会有收获。否则图书馆的书读完了，记不住它，什么事也做不成。"于是，从那时起，爱迪生来到图书馆便按照图书管理员的指点，系统地看一些与发明创造有关的图书资料。

1882年，是爱迪生在图书馆翻阅资料最频繁的一年，也是他的发明创造最多的一年，这一年他提出的专利申请有141项，约合每3天就有一项新发明。

爱迪生是一位天才的发明家，人们不会忘记这颗天才的种子是在图书馆的土壤中，用他自己辛勤的汗水浇灌长大的。

居里夫人
为读书甘受苦

● 人物光影

玛丽·居里（1867—1934），法国著名的物理学家、化学家，世界知名的科学家，研究放射性现象，发现镭和钋两种天然放射性元素，一生两度获诺贝尔奖，第一次荣获诺贝尔物理学奖，第二次荣获诺贝尔化学奖。

玛丽·居里（即居里夫人）1867年11月7日，出生在波兰华沙一个中学教师的家庭里。她是科学史上仅有的两次获得诺贝尔奖的获奖者之一。她的成功，与她求学时代的苦读是分不开的。

居里只要一读书，就会全身心地钻研到书里去，如同入了迷一般。上中学时，有一次她正在家里低头读书，几个姐妹和她开玩笑，蹑手蹑脚地在她身后用几把椅子搭了个形如螺卵的"椅塔"。"工程"在紧张地进行，可居里完全没有觉察，"塔"搭成了，她仍然没有发现"险情"。时间一分一秒地过去，在一旁等着看笑话的姐妹们挤眉弄眼，一个个显出不耐烦的样子，可居里还是寂然不动。又过了大约半个小时，居里读完了预定的章节，慢慢地抬起头来，打算休息一下。像姐妹们早就盼望的那样，她碰倒了"椅塔"，引得她们前俯后仰地笑个不停，居里这才如梦方醒，明白了是怎么一回事情。

1891年，居里进入巴黎大学，住在当医生的二姐家里，姐夫也是医生，他们都待居里非常好。但是刚过几天，居里就对二姐说："请你允许我在学校附近租一个阁楼，自己起火食宿吧！"二姐惊异地追问原因，居里解释说："这儿一天到晚人来人往，没完没了地应酬，太影响我的功课；再说这里离学校太远，每天要乘公共马车上学，既费时间，又费钱。"二姐挽留不住，只好同意她搬进僻静的阁楼，单身居住。巴黎的冬天是寒冷的，阁楼像个冰窖。为了省钱，更为了节省生炉子的时间，居里常常天一黑就跑到附近的圣日内维埃图书馆去，那里成了她的"幸福收容所"。图书馆里有明亮的煤气灯，也很暖和，这个不知疲倦的姑娘，每天就坐在那张长方形的大桌子前面，手抱着头读书，一直到晚上10点图书馆关门才离开。回到小阁楼以后，她还经常学习到深夜2点，实在困极了，才上床睡觉。阁楼里实在太冷了，冻得睡不着，她就把所有的衣服都盖在身上，有时还提起一把椅子压在被子上。这位世界上少有的天才物理学家，竟然天真地幻想从重量中求得一丝温暖！

搬进小阁楼以后，居里的学习效率大大提高了，可健康状况却越来越差。她没有去过饭店，舍不得花时间做肉汤，每天的伙食只有面包、黄油和茶，难得有一只鸡蛋或一两个水果，而且那已经算是奢侈的了。由于营养不足，原本健康的一个姑娘，很快得了贫血症。有一天，居里正和一位同学在一起，突然晕倒了。当家人闻讯赶来，气喘吁吁地爬到小阁楼时，看到居里又在预习第二天的功课了。经过一再盘问，才知道她在过去的24小时内，只吃过几根小红萝卜和半磅樱桃。没办法，家人只好像绑架似的将居里带到自己的家里，想方设法给她增加营养，并强迫她修养了几天。可身体一有好转，居里又不顾反对地回到了小阁楼，继续她的苦读生活了。正是由于她这样的勤奋努力，每学期的考试成绩她都是名列前茅，并在物理学学士学位的考试中得了第一名。

康　德

图书馆的工作者

● 人物光影

伊曼努尔·康德(1724—1804)，德国古典哲学的创始人，唯心主义、不可知论者，德国古典美学的奠定者，天文学家，星云说的创立者之一。1740年，康德入哥尼斯贝格大学。1746年，任9年家庭教师。1755年，完成大学学业，任编外讲师15年。在此期间，康德作为教师和著作家，声望日隆。除讲授物理学和数学外，还讲授逻辑学、形而上学、道德哲学、火器和筑城学、自然地理等课程，并检验了有关精神世界的全部观点。主要著作有：《关于自然神学和道德的原则的明确性研究》《把负数概念引进于哲学中的尝试》《上帝存在的论证的唯一可能的根源》《视灵者的幻梦》《论感觉界和理智界的形式和原则》《纯粹理性批判》《实践理性批判》《判断力批判》《在理性范围内的宗教》《学院之争》。

康德祖籍在苏格兰，出生在东普鲁士哥尼斯堡。1740年，康德入哥尼斯堡大学读书。康德的成就与他的图书馆生涯是分不开的。

1766年，康德嫌老住所——"硕士拐角"太嘈杂，就向书商康特尔租了一间住房。康特尔很有教养，并且有进取心。他经常在外面跑，每次从外地回来，都带回很多书。康德喜不自胜，凡他爱好的，都找来一一阅读，如卢梭的《社会契约论》和《爱弥儿》。

1765年的10月1日，皇家图书馆副馆长戈赖斯基因为年迈体力不支，请求辞职，这才给康德提供了一个谋生的机会。10月25日，康德正式打报告给哥尼斯堡政府，文中说："既然皇家委员任我当教师，让我为皇家服务，我请求允许我在校内得到一份能补助我贫苦生活的职务。"12月15日，普鲁士政府遵照国王的诏命，任命在形而上学和其他方面享有盛誉的康德为图书馆副馆长，皇帝亲笔签字的诏书说："我现在任命多才的、在学术上著述颇丰的私教授康德为皇家图书馆副馆长。"

康德对图书馆的工作十分负责的，他每天与图书馆内的其他同事一起清理多年积压的图书，将图书一一登录分编归架，并整理图书目录。

1781年，他的《纯粹理性批判》一书得到出版，获得了一笔稿酬。于是，康德在勃林切沁街王宫附近买下一所住宅，住所位于市中心，很安静，屋后有个花园。康德的寓所是三层楼8间住房，下边是教室和厨役的卧室，上面一层是他的餐厅和卧室，卧室内有个图书室。另外还有会客厅和书斋，他的书斋内藏达500余种，其中大多是哲学、数学和自然科学的图书。有很多书是作者送给他的，或是引用了他的学说和思想的作品。他的朋友、出版家也赠送给他很多书。康德有个学生叫尼科洛维乌斯，他按期将书目分类后呈送给康德，康德在书目上标上他所要的书，以便从书店取来。康德爱读书，他说："在我的生活中每天必须装入许多新的原料，如同食品一般以代替夜晚必需的享用品。"每天上午，康德在他的图书馆或书斋内，阅读当天的新闻杂志和报纸，及其他有关图书，傍晚将白天读的书沉思一下，或考虑一下明天应讲的课和应准备的文稿。他常站在火炉边，望着窗外卢本尼希特教堂的尖塔。饭后，他散步时，每走到弗利德里希堡垒就回来，而每次散步回来以后，康德就把途中涌现出来的重要的思想录入笔记内。为此，康德把这条路称为"哲学大道"或"哲学之路"，他的《纯粹理性批评》的重要思想就是在这条"大道"上构思出来的。

鲁巴金
读书逾万卷

● 人物光影

尼古拉·鲁巴金（1862—1946），苏联图书学家、目录学家、作家。毕业于圣彼得堡大学的数理和法律学系，在大学期间因参加秘密学生组织被捕。1907年侨居瑞士。在瑞士期间，从事图书宣传和阅读指导的研究，在洛桑设立了阅读心理学研究所，他通过对读者基本类型心理研究的成果，创立了阅读心理学理论。主要著作有：《书林概述》《阅读心理学入门》《读者和阅读心理学》。

苏联学者尼古拉·鲁巴金于1862年7月1日（俄历）生于圣彼得堡附近的卫星城，奥拉尼耶巴乌姆市的一个商人家庭。他父亲原是一位木材商人，由商界走向政界，最后当了该市的市长，认为儿子不需要有很多文化，只要能继承家业就行了。但是，鲁巴金妈妈的图书馆深深地吸引了鲁巴金，使鲁巴金终生与书结为挚友。他很爱妈妈的图书馆，很爱伴着妈妈读书，很快就把妈妈的藏书全读完了。

鲁巴金十多岁时到圣彼得堡的一所实业中学读书。中途他停学回家，自学了13个月，修完了拉丁语和希腊语，并通过了大学考试。在学校里，鲁巴金是很有才华的学生，他不只沉浸在书海里，也很关心社会的发展、政治的演变。他在学校里参加了学生运动，结识了列宁的哥哥乌里扬诺夫和克鲁普斯卡娅女士。从上大学起，他就立志以知识来启发和教育劳动群众。他从母亲那里得到了将近6000册的图书，各出版社为感谢他帮助编辑图书，寄赠了很多图书给他。他用这些书在圣彼得堡波德雅切斯卡亚大街办了个图书馆。广大市民和劳动群众可以来这个私人图书馆借阅图书。鲁巴金积极地指导他们学习，并为读者编写读书目录、读书指南、自学教程，等等。为了指导读者学习，他与读者的往来信件多达15000件。

1905年，鲁巴金被流放到克里米亚。流放期间，他继续读书、写作和典藏图书。到1907年，他已拥有一个藏书13万册的图书馆。在此期间，他撰写了《自我教育教程》和《书林概述》等著作，以指导读者读书，系统地为读者推荐图书，有选择地向读者提供图书，让读者在有限的时间里读到更多的图书和学到更为有效的读书方法。

鲁巴金为了指导市民读书，编写了很多推荐书目。书目中的书他必须读过，这样才能了解文化学术的渊源、承袭流派，以及图书内容的难易等特点。1906年，鲁巴金编入《阅读范围》中的图书有7500余册，仅《书籍之中》一书（第2版），就向读者介绍了大约2万册图书。

1907年，他被迫移居到芬兰的维伏克。离境前他把在俄国收藏的13万册图书送给了彼得堡自学普及联盟（又称彼得堡教育联盟）。

鲁巴金从芬兰很快又移居到了瑞士，定居在洛桑近郊的克拉朗。之后，他一直住在这里。在克拉朗，鲁巴金生活趋于安定，他的精力全部用于读书。在40年的瑞士生活中，他从未外出过，每天读书，从天亮读到深夜。

鲁巴金大量地读书，有人说他读了25万册书。他读书的目的是指导劳动大众和市民怎样看书学习。他在读书的过程中，还不断地创作。他一生撰写了49部长篇著作，280本科普读物或小册子，在115种期刊上发表了350余篇文章，他还给读者寄去了上万件读书目录，与7000多位读者通过信函。

1946年，鲁巴金在瑞士去世。去世前，纽约公共图书馆和瑞士中央图书馆曾要求购买他的10万册图书，鲁巴金拒绝了，而是把图书献给了列宁图书馆。

鲁 迅
读书趣事多

● 人物光影

鲁迅（1881—1936），中国现代伟大的文学家、思想家、

革命家，中国新文化运动的伟大旗手。从发表第一篇白话小说
《狂人日记》起（1918年5月），始以"鲁迅"为笔名。原名樟
寿，后改名树人，字豫山。他的作品以小说、杂文为主。主要
著作有：小说集《呐喊》《彷徨》《故事新编》，散文集《朝花
夕拾》（原名《旧事重提》）、《野草》，杂文集《坟》《热风》
《华盖集》《华盖集续编》《南腔北调集》《三闲集》《二心集》
《而已集》《且介亭杂文》。

1881年，鲁迅生于浙江绍兴。他5岁开始读书，启蒙老师是他的远
房叔祖父周玉田，他读的第一本书是《鉴略》。这是一本简要的中国历
史读本，内容丰富，但文字深奥，刚上学的孩子很难读懂，而鲁迅却读
得很认真，字字句句都能熟背下来。

鲁迅对书很爱惜，看书的时候，先要看手干净不干净，然后再小心
地一页一页翻过去。弟弟们可以蹲在桌旁边一起看，但是不准伸手在书
上摸，怕他们把书弄脏、弄坏。他的书都放在母亲床边的箱子里，摆得
整整齐齐，夹缝里还放着樟脑丸，防止蛀虫把书咬坏。有些书脏了，他
就耐心地把它擦干净。有些书坏了，他就细心地把它补好。有些常看的
书，他总是先包上一张书皮纸，然后再看。

大约12岁时，鲁迅到三味书屋，师从寿镜吾老先生。老先生要求挺
严，学生每天放学之前必须把当天所教的课文背诵出来，背不下来的，
就要再读，直到背下来才能回家。有些同学读书不用功，背书常常丢三
落四的，塾师就不让他们放学。这些同学为了免受惩罚，就互相作弊
"打浑帐"，即当一个学生在老师面前背书时，其他的同学就故意高声朗
读，使老师对那个学生背书的声音听不清楚，好让他蒙混过关。鲁迅认
为，这是一种既骗老师又骗自己的做法，没有任何好处，所以他每天都
把课文背得烂熟，从不要同学们帮他"打浑帐"。

由于鲁迅勤奋好学，功课一直很好，寿镜吾老先生对他很是赏识。
一次上对联课，塾师出了个"独角兽"让大家对，同学中有的对"一头
蛇"，有的对"三脚蟾"，有的对"八脚虫"，有的对"九头鸟"……鲁
迅却根据《尔雅》一书，对了个"比目鱼"。寿老先生听了连连称赞，
说"独"不是数字却有单的意思；"比"也不是数字，却有双的意思，
对得工整而贴切，可见确实是很用了一番心思的。受了寿镜吾老先生的
鼓励，鲁迅心里甜滋滋的，读书也就更加刻苦了。每天放学回家，吃完

晚饭，擦罢桌子，他就打开书包，孜孜不倦地读起书来。

17岁时，鲁迅离开故乡去南京矿务学堂念书。这时，他的生活非常清苦，可读书却异常刻苦。每次考试，他总是第一个交卷，成绩也总是名列前茅。学校规定，考第一名的学生可以得到1个银牌，获得16个银牌就可以换取1个金牌，而同学中，唯有鲁迅一人获得过金牌。课余，鲁迅还阅读了大量的课外书籍。为了省钱买书，他常以烧饼充饥，以夹衣、辣椒御寒，甚至还卖掉了考试所得的金牌。当时正值维新运动的高潮，他如饥似渴地阅读各种新式书刊。他特别喜欢赫胥黎的《天演论》，对书中的许多段落都读得滚瓜烂熟，直到许多年后还能背诵。他被书中所宣传的达尔文的进化论所吸引，以致在以后很长一段时间内，进化论成了他世界观的基础。

马克思

图书馆的"脚迹"和笔记

● 人物光影

卡尔·海因里希·马克思（1818—1883），马克思主义的创始人，第一国际的组织者和领导者，全世界无产阶级和劳动人民的伟大导师，伟大的哲学家、革命理论家、经济学家、政治家，被评为20世纪影响世界最深的人。主要著作有：《资本论》《共产党宣言》。

为了创立马克思主义，马克思一生经历了种种艰难困苦。在他面前，不仅有各国反动政府的迫害、诽谤，迫使他长期过着流亡的生活，而且还有贫困、饥饿，时刻在威胁和摧残着他以及他的家人，他的三个孩子因此被夺去了生命，他自己也患上了气管炎、肺病、肋膜炎、疮疱等多种疾病。当他的《政治经济学批判》一书定稿时，更是穷得连饭也吃不上、房租也交不出，甚至没有一文钱做邮费寄送书稿到柏林出版。在各种困难、敌人迫害面前，马克思始终坚贞不屈，为无产阶级的解放事业刻苦学习和努力钻研。

为了撰写《资本论》，马克思在伦敦大英博物馆里读书研究了 1/4 个世纪之久。每天早上9点钟他到达那里，一直到晚上8点钟才回家。大英博物馆的阅览室里拥有425个座位，马克思每次都坐在10排7号座位上，而且常常一坐就是一整天。由于精力过于集中，马克思读书时常常不由自主地在座位上用脚来回擦地，天长日久，竟把脚下的地面抹去了一层，留下了很深的痕迹，这被人们称之为马克思的"脚迹"。他在那里阅读了大量有关政治、经济、哲学，科学技术、实用经济统计学、农业化学、地质学、各国工农业等多方面的著作。为了撰写《资本论》中关于英国工厂法的20多页内容，翻阅过大量的报纸、专业杂志、会议记录，从中引用了揭露资本主义剥削罪恶的大量事实，作为"向人类提出的控诉书。"他研究问题认真而严肃，每个论题都要寻求第一手资料。他虽已精通法文和英文，但为了能看懂更多的原始材料，他又学习了意大利文、西班牙文，50岁时还学习了俄文，并且很快掌握了它。

马克思读书不仅喜欢博览而且还注意勤做笔记。为了撰写《资本论》，仅在1850年8月—1853年6月的3年里，他就摘录了70个不同作者的著作，写了24本有关政治学经济学的笔记。在整个写作过程中，他摘录的书有1500多本，抄录的笔记至少有100多本。马克思的笔记，通常是一叠白纸一分为二，中间缝一线，在封面上写明笔记的时间和地点，编上笔记序号，有的还加上标题。笔记是记得密密麻麻的，旁边留出空白，间或用铅笔、钢笔做粗细实线、虚线、"x""+"等各种记号，有的地方还重重地划上三道粗线。每本笔记都编有页码，为了日后查阅的方便，很多笔记都做了目录和内容提要。

齐奥尔科夫斯基

"图书馆大学"毕业的航天之父

● 人物光影

康斯坦丁·齐奥尔科夫斯基（1857—1935），俄国及苏联科学家，现代航天学和火箭理论的奠基人。1857年9月5日，生于俄国伊热夫斯科耶镇(今属梁赞州)。童年因病辍学，此后主要依靠自学，读完中学和大学数理课程。1880年，开始在卡卢加省博罗夫斯克县立学校任教并开始研究工作。研究领域涉猎金属气球(飞艇)、流线型飞机、气垫火车和星际火箭的基本原理等。1903年，发表了世界上第一部喷气运动理论著作《利用喷气工具研究宇宙空间》，有俄罗斯"航天之父"之称。

齐奥尔科夫斯基小时候天真烂漫，但不幸的是，一次疾病使他成了聋人。耳朵不灵，那欢腾热闹的世界自然不属于他了。但是，他不肯放弃那童话般的世界。这成了他认真读书的动力。然而，家庭的贫困，却无法使他进入大学的校门。

"在大学里读书与自己读书有什么两样呢？啊，大学里有博学的教授、有藏书丰富的图书馆、有设备良好的实验室。"齐奥尔科夫斯基想。

莫斯科的公共图书馆里有很多图书，在那里读书不要钱。另外，这个图书馆常有教授、学者出入其中。齐奥尔科夫斯基认为，如果能在莫斯科公共图书馆读书，也是一个很好选择。书是读不完的，如果有了问题，可以请教来到图书馆的教授学者。如果能这样，即使上不了大学，也不是很遗憾的事情。

于是，年仅16岁的齐奥尔科夫斯基一个人来到了大城市——莫斯科。在高楼林立的城市里，没有钱寸步难行。他在一个码头边找了一个最便宜的房子，暂时租住下来。在住所的附近有一个公共图书馆，叫作鲁勉采夫斯基博物院公共图书馆，苏联时期称作"列宁图书馆"。这座公共图书馆规模很大，藏书很丰富，当时很多的社会科学家和自然科学家都利用过这座图书馆。

齐奥尔科夫斯基第一次走进这座图书馆，热血沸腾，思绪万千。这座知识的殿堂、智慧的天地，多么雅静、庄严、神圣、美好。这里的图书馆员服务态度很好，知识面也很广。他们热情地告诉齐奥尔科夫斯基如何利用图书馆目录检索自己所需要的图书，告诉他图书的分类编排原则。当他们了解到齐奥尔科夫斯基攻读物理的时候，就主动给他介绍牛顿、布拉什曼、基尔霍夫等物理学家的著作，尤其是给齐奥尔科夫斯基介绍最新的物理专著。

齐奥尔科夫斯基在图书馆里整整读了两年的书。在720天里，他每天很早来到图书馆，夜深了，图书馆里的读者都走了，他才离去，或者说，总是在图书馆员劝导下才恋恋不舍地离去。他的欢乐、他的忧愁、他的饥寒、他的情致都淹没在书的海洋里。他在知识的大海中酝酿着一支高速的火箭，载着他的愿望、载着他的理想飞驰！

两年里，他读完大学4年必修的课程，学习了高等数学、物理学、机械学、化学、天文学等课程，还读了大量的学术专著。他一天到晚与数字和公式打交道，解着他觉得有趣的难题。

经过坚忍不拔的努力，齐奥尔科夫斯基成了世界著名的航空航天科学家。有人介绍他时，总说齐奥尔科夫斯基没有上过大学，说他是自学成才的。他则诙谐地说："谁说我没上过大学，我在图书馆上了2年大学。图书馆有大学要学的书和大量大学教材以外的书。图书馆里有很多教授、学者、名流经常出入。我在这里学习和请教。我上过大学，我毕业于图书馆大学。"有志者事竟成。齐奥尔科夫斯基毕业于图书馆大学，这就是最好的例证。

闻一多
读书成癖

● 人物光影

闻一多（1899—1946），中国现代伟大的爱国主义者，坚定的民主战士，中国民主同盟早期领导人，中国共产党的挚友，学者，新月派代表诗人。原名闻家骅，又名多、亦多、一多，字友三、友山。主要著作有：《冬夜草儿评论》《红烛》《死水》《岑嘉州系年考证》《匡斋说诗》《天问释天》《诗新台鸿字说》《高唐神女传说之分析》《离骚解诂》《敦煌旧抄本楚辞音残卷跋》《诗经新义·二南》《释朱》。组诗《七子之歌》是闻一多先生1925年3月在美国留学期间创作的，共有7首，分别是《澳门》《香港》《台湾》《威海卫》《广州湾》《九龙》和《旅顺，大连》。

提起闻一多，大家都知道他是一个"横眉怒对国民党的手枪，宁可倒下去，不愿屈服"的英雄汉。可他读起书来，却是个十足的书呆子，因此不仅得了个"书痴"的雅号，而且也有颇多嗜书的佳话。

在闻一多年纪还小时，有一回在室外看书，看得如痴如醉，把周围的一切都忘记了。这时候，一条大蜈蚣沿着天井边缘爬到他脚边，又爬到他的鞋帮。他嫂子见了，不由大声惊叫起来："蜈蚣，蜈蚣！"可闻一多好像根本没有听见似的，还是在那里看他的书，一动也不动。眼看蜈蚣快要咬他的脚了，他的侄儿猛跑过去，将他推开，把那条大蜈蚣踩死了。不料闻一多却冲着侄儿说："你又胡闹什么？走！快走！"原来他还未发现蜈蚣，以为是侄儿来打扰他呢。他嫂子赶紧上来，指着那条死蜈蚣说，"要不是这小鬼，你的脚早被蜈蚣咬了！"闻一多这才注意到了蜈蚣，但依然并不在意地说："唉，一条小虫，没有什么值得大惊小怪的。"说着，又把头埋进书里，看他的书去了。

到清华留美预备学校（相当于中学）读书后，闻一多的兴趣集中到了诗歌方面，他利用一切可以利用的时间阅读了各个朝代的诗。他在1919年2月10日的日记中写道："近决志学诗。读诗自清朝以上，溯魏汉先秦。读《别裁》毕，读《明诗综》，次《元诗选》，次《宋诗抄》，次《全唐诗》、次《八代诗选》，期于二年内读毕。"后来，他还当真把这些书读完了。掌握了外语后，他还大量阅读了济慈、雪莱、拜伦等外国诗人的诗作佳品。

每年暑期回到故乡，闻一多依然勤奋研读，从不轻易步出房门。为了珍惜暑假这两个月的"寸金光阴"，他还在自己的书房上自题了一个"二月庐"的书房名。

闻一多新婚那天，全家喜气洋洋，贺喜的亲朋一大早就拥入家门，大家不见新郎照面，都以为他更衣打扮去了。直到鞭儿炸，唢呐响，花轿快要进门了，还不见新郎的踪影，大家才急着四下里找他。进到他的书房里，只见他穿的还是那件旧长袍，手里捧着本书，读得兴味正浓呢。家里人都说他不能看书，一看就"醉"。

抗日战争时期，闻一多在云南蒙自西南联大任教，除了去课堂授学，他总是在自己的小楼中，整天不停地读书研究，几乎楼梯也不下一步。当时，同事和朋友们给他这个楼取名"何妨一下楼"，还亲切地唤他一生"何妨一下楼主人"。

闻一多一生诗书好学，后来终于成为一位有影响的爱国诗人。

章太炎

书有己见

● 人物光影

　　章太炎（1869—1936），中国近代著名的国学大师，曾被鲁迅称为"有学问的革命家"。字枚叔，后更名炳麟，自号太炎，浙江余杭区人。一生治学严谨而渊博，游刃于经学、子学、史学、文学、哲学之间而著作等身。一生著作颇多，其文达400余万字。著述除刊入《章氏丛书》《续编》外，遗稿又刊入《章氏丛书三编》。主要著作有：《新方言》《文始》《小学答问》《儒术新论》《订孔》。

　　章太炎出身于书香门第，自小耳濡目染，受到良好的熏陶，因此小小年纪，肚子里已经很有了点儿墨水。1875年初春的一个雨天，章太炎的父亲章浚在家邀请了十余位文人、亲友，边饮酒边吟诗。其间，有一位与章浚同宗的章老先生酒兴上来，情绪益然，便令才6岁的小太炎应景诵诗一首。小太炎也不推却，略做思考后便朗声吟诵道："天上雷阵阵，地下雨倾盆。笼中鸡闭户，室外犬关门。"话音一落，四座震惊。章老先生当即令人拿来宣纸笔墨，挥毫录下了这首十分珍贵的"六龄童诗"。

　　一般的儿童都特别喜欢玩耍，而童年的章太炎却是个书迷，从不去嬉戏打闹。那时他的母亲，常与眷戚在家打牌消遣，而他就坐在旁边看书。尽管环境异常喧闹，可他总是旁若无人，读得津津有味。一日，章太炎在天井里专心致志地看书，天色渐暗，气温转低，他的长嫂叫他进屋添衣，免得着凉，可他却像根本没有听见似的，照样读他的书。长嫂接连高叫了三声，他才勉强进了屋。而添衣以后，他又回到了天井借光读书。殊不知他出来时竟穿着长嫂的一件"花马夹"，众人见了全都大笑不止。章太炎见众人突发哄笑，一时感到丈二和尚摸不着头脑，便问大家因何而笑，可否说出来让他乐上一乐。众人听后，越发前合后仰地笑得合不拢嘴。

　　章太炎博古通今，可从不人云亦云，常能独出己见。譬如，他就曾这样来评论唐宋古文："李翱、韩愈局促儒言之间，未能自遂。欧阳修、曾巩好为大言，汗漫无以应敌，诗词论最短者也。若乃苏轼父子，则俗人之戈戈者。"谈及康有为，他则说："康长素时有善言而稍谲奇自恣。"臧否古今人物时，他的眼光也往往与常人大不相同。如对三国时的曹操，他就颇予肯定，认为曹操自奉甚俭，临终遗嘱，不过皮衣数袭，粗履数双而已。待人甚厚，即陈琳之骂其祖宗，从不咎其既往。读书精博，著作等身。

章太炎居处有一大室，四壁除门窗外都是书籍，几乎没有什么陈设，中间是一张床，是其独睡之处。他常常半夜睡醒，忽然想起某书某事，便马上起床到书架前翻阅书籍，有时竟通宵达旦。他除了自己勤苦治学外，还常常向弟子们传授治学之道。他说："学问之道，当以愚自处，不可自以为智；偶有所得，似为智矣，犹须自视若愚。古人谓既学矣，患其不习也；既习矣，患其不博也，既博矣，患其不精也。此古人进学之方也。"他还说："博学要有看书的心得，有自己的创见，否则就是读尽了天下书，也只是个书筒，装了些别人的东西，而不是自己独有的东西。"他还主张学生要敢于超过老师，不要总是跟在老师的后面。他一生桃李满天下，许多学生都成为中国知名的学者。

朱自清
要求自己走在时间前面

● 人物光影

朱自清（1898—1948），中国现代著名作家、学者。原名自华，字佩弦，号秋实，原籍浙江绍兴，生于江苏东海。1916年，考进北京大学预科学习。曾参加五四运动。1925年，任清华大学教授，致力古典文学研究，从事散文创作。1931年，留学美国，漫游欧洲。1932年，任清华大学中文系主任。1931—1932年，留学英国。抗战期间，任西南联大教授，对抗战胜利充满信心。抗战胜利后，反对国民党打内战。1948年6月，在拒绝"美援面粉"的宣言上签字。主要著作有：诗集

《雪朝》，散文集《背影》，诗与散文集《踪迹》，散文集《欧游杂记》《你我》《伦敦杂记》，论文集《国文教学》《经典常谈》，诗论《诗言志辨》《新诗杂话》，杂文集《标准与尺度》、《语文拾零》《论雅俗共赏》。

朱自清一生都在与时间赛跑，除了上课和休息，所有的时间都用来读书与写作。基于现实生活的压迫，他比常人更珍惜有限的读书时光。

在日常生活中，朱自清时间安排得非常紧凑。早上起床洗脸、刷牙的同时，书就放在架子上边刷边看，用过早餐后立刻到图书馆，中午稍加休息，下午又泡在图书馆里，晚上也不例外，到闭馆才回家。即使进了家门，朱自清仍勤写不辍，直到11时方肯就寝。

在英国进修时，他制定一套各阶段的读书计划，每天的活动时间均有一定的安排。早上练习英文和阅读报纸，下午上课，晚上则用来写作或访友。他要在有限的时间里，尽可能地充实自己，获得最丰富的知识。

他一生惜时，生怕耽误写作读书，连吃饭都不曾悠闲从容，总是大口快嚼以求省时。他如此严厉地鞭策自己，仍不时感叹根基不深、记忆不好、读书无暇。因为勤奋好学的他，永远要求自己走在时间的前端。

"实事求是，谦逊严谨"是朱自清读书作文的最大特色。他为文写景道物，看似信手拈来，其实都是经过细心的观察与严谨的求证。例如在《荷塘月色》中提到夜间蝉鸣，就曾以此向昆虫学家请教，并亲身观察体验，来支持自己的论点。这种现实主义的写作精神，使他对于写作题材锱铢必较，终究成就脍炙人口的篇篇佳作。

朱自清关于读书的理论和方法的论述颇丰。他不仅重视读书的数量和质量，更注重读书的方法，在读书方法上极力主张通读的原则，强调"读"的功夫。在《论朗读》一文中，他推崇清人姚鼐"放声疾读，久之自悟"和曾国藩"非高声朗读则不能得其雄伟大概，非密咏恬吟则不能探其深远之趣"的观点。读古文如此，读白话文也是。他认为，读书当然是为了理解，"读"字本作抽出意义解，"包含着了解的程度及欣赏的程度"（出自《怎样学习国文》）。因此，必须注重读，"因为思想也就存在语汇、字句、篇章、声调里"。他指出，"熟读的工夫是不可少的。吟诵与了解极有关系，是欣赏必经的步骤。吟诵时，对于写在纸上死的语言可以从声音里得其意味，变成活的语气"。

朱自清把诵读作为理解与欣赏原著的重要方法，主张不仅阅读诗词等文学作品需要吟诵，而且对经典著作也需要反复熟读。他在《论百读不厌》文中指出：　"经典给人知识，教给人怎样做人，其中有许多语言的、历史的、修养的课题，有许多注解，此外还有许多相关的考证，读上百遍，也未必能够处处贯通，教人多读是有道理的。"

竺可桢

牢记"滴水穿石"的教诲

● 人物光影

竺可桢（1890—1974），中国著名的科学家和爱国教育家，当代著名的科学家、地理学家和气象学家，中国近代地理学和气象学的奠基人，为国"求是"的气象事业的开拓者。又名绍荣，字藕舫，浙江绍兴市人。主要著作有：《测候须知》《气象学名词中外对照表》《气象电码》《中国之雨量》《中国之温度》。

竺可桢既是一位知识渊博的科学家，又是一位颇有建树的教育家。他对气象、物候、地理、自然科学史等学科都做过精深的研究，并且取得了卓著的成就。

1890年3月7日，竺可桢出生在浙江绍兴东门外的东关镇，父亲给他起名为兆熊，小名阿熊。后来他又听取一位私塾先生的意见，为儿子取名为可桢。为什么取这个学名呢？这是因为"桢"字的意思有两层：一是坚实的木头，二是古时候筑土墙立的柱子称作桢干。"可桢就是将来可以成为国家栋梁的意思"。父亲望子成龙，把希望寄托在了竺可桢的身上。

竺可桢长到一岁半，父亲就用方块纸写字教他识字。一天，父亲要外出办事，临走前对竺可桢说："阿熊，今天我有事，不能教你认字了，放你一天假，好吗？"不料正在母亲怀里吃奶的竺可桢，硬是缠着要父亲教他认了字再走。这样，到竺可桢满3周岁的时候，他已经能够认识许多单字，还能够背诵好几首唐诗呢！

竺可桢5岁进学堂，7岁开始写作文。大哥可材比他大14岁，是乡里的秀才先生，也是可桢的老师。兄弟俩白天晚上都在一起，一个教得认真，一个学得勤快，可桢也就一天比一天有所长进。一天晚上，哥哥教弟弟写文章。可桢写了一遍，自己觉得不理想，又重新再写一遍，直到认为满意了才放下了笔。当他们上床睡觉时，大公鸡已经"喔喔"地啼叫了。嫂子埋怨可材，不该对弟弟要求这么严格，要是让他这样熬夜，累坏了身体怎么办？哥哥解释说："是他写了一遍又一遍，一个句子造得不合适就不肯睡觉，哪里是我逼他熬夜呀！"

竺可桢不仅爱学习，还爱用脑子思考问题。他的家乡雨水特别多，屋沟里老是流水，落在石板上发出"滴滴答答"的响声。竺可桢蹲在门口，"一、二、三、四、五……"地默默数着水滴。数着数着，他好像发现了奇迹，眼睛盯住石板出了神：这石板上有着一个个小坑，水滴正好滴在石坑里，嘿，可真巧了！再看看另外一块石板，情况也一样。这究竟是怎么回事呢？于是，他立即跑去向母亲请教。母亲贤良识礼，对子女既严格又慈爱。听了儿子的问话，她十分高兴，便耐心地向儿子解释说："阿熊啊，这就叫'滴水穿石'呀！别看一滴一滴的雨水没有什么厉害的，但是天长日久，石板就被滴出小坑了。读书、办事，也是这个道理，只有持之以恒，才会有所成就。"竺可桢眼睛一眨不眨地听着母亲的话语，字字句句都烙在了他的脑子里。从此以后，"滴水穿石"的教诲，就成了竺可桢一生的座右铭。而且，他果然没有辜负父亲的殷切期望，最后终于成了国家的栋梁之材。

阿基米德

苦思钻研无旁骛

● 人物光影

阿基米德（约公元前287—前212），古希腊伟大的数学家、物理学家和机械发明家。生于西西里岛的叙拉古（今意大利锡拉库萨）。这位科学巨人，以他超越常人的勤奋刻苦的努力，以他精细、缜密、奇妙的思想，在自然科学的园地里不倦的辛勤探索，为科学的发展建立起一座又一座丰碑，给了人类许多的知识和征服大自然的力量。是他，创造了机械学；是他，创造了流体力学；是他，发现了杠杆和滑轮的规律；是他，发现了元素的不同密度；是他，发明了一种能表现日、月食的天文仪器；是他，点燃了微积分的火种，创造性地确立了数学方面的逻辑思维；是他，发明了强大的机械武器，抵挡了强大的罗马军队。主要著作有：《论球和圆柱》《圆的度量》《抛物线求积》《论螺线》《论锥体和球体》《沙的计算》《论图形的平衡》《论浮体》《论杠杆》《原理》。

阿基米德酷爱科学，读书研究时总是如痴如醉，达到废寝忘食的程度。有时，他一边吃饭，一边在火盆的灰烬中画着各种几何图形，思索着求解难题的方法，直到饭冷了都不觉得，著名的阿基米德定律正是他痴迷研究的成果。

阿基米德在读书和研究的时候，达到了忘我的境界，甚至连自己的生命都置之度外。

公元212年的一天黎明，古罗马的军队偷袭了叙拉古王国。罗马军队悄悄地打开一扇城门，闯进叙拉古城。他们不急于进攻王宫，却直奔著名科学家阿基米德的住处。这是因为他们惧怕阿基米德，胜过惧怕叙拉古国王亥厄洛。他们知道，阿基米德足智多谋，又富有爱国热情，不把他杀掉，休想征服叙拉古王国。当罗马军队的士兵一脚踢开阿基米德的房间门时，里面居然是静悄悄的，毫无响动。罗马士兵以为阿基米德还在酣睡，可仔细一瞧，床上空荡荡的，地上倒一动不动地蹲着一个两腮长着长长的花白胡子的人。此人不是别人，正是阿基米德，他在干什么？原来，这位75岁高龄的科学家通宵未眠，正用双手托着下巴，聚精会神地看着画在地上的几何图形，以至连罗马士兵站在他跟前都未发觉。当罗马士兵把寒光闪闪的利剑碰到阿基米德的鼻尖时，这位科学巨匠才从数学的迷梦中惊醒，明白发生了什么事情。阿基米德毫无惧色，用手推开了剑，十分平静地说道："等一下杀我的头，再给我一会儿工夫，让我把条几何定律证明完毕。"说完又沉思起来，继续研究着地上几何图形。可残暴的罗马士兵不由分说，杀害了这位伟大的科学家。屠刀只能砍下阿基米德的脑袋，无法砍掉他在科学上的功绩。在阿基米德死后，人们整理出版了《阿基米德遗著全集》，以纪念这位不幸遇难的、把自己的一生献给科学事业的伟人。

比尔·盖茨

热衷坚持

● 人物光影

威廉·亨利·盖茨三世爵士（1955—　　），微软公司创始人之一、微软公司前任主席兼首席软件设计师，又以比尔·盖茨闻名于世。出生于西雅图，就读于在西雅图的公立小学和私立的湖滨中学。在那里，他对软件方面的兴趣日益浓厚。1973年，考入哈佛大学。1975年，大学三年级的时候，离开哈佛，同孩提时代的好友保罗·艾伦一起，将全部精力投入到微软公司的创建中。2008年，辞去微软公司首席软件设计师一职，不再参与公司的管理事务，而是将注意力转向盖茨基金会。比尔·盖茨将数百亿的资产捐献给这个慈善基金会。

热衷坚持，是指对自己热爱的事业，持之以恒地干下去，干就干出成绩来，干既包括学习，又包括实践。

打开知识的大门。比尔·盖茨生性好动，喜欢思考，酷爱读书。在他三四岁时，母亲玛丽为学生讲课时总是把他带在身边。玛丽在学校里讲当地历史和文化时，比尔·盖茨总是坐在前面的桌旁，两眼紧紧盯着母亲，聚精会神地听讲，经常得到母亲的赞赏。8岁时，比尔·盖茨的好奇心更加强烈。他从《世界图书百科全书》中获取大量的知识。他说："我小时候特别喜爱家里一本1960年版的《世界图书百科全书》。我8岁时开始读第一卷，并决定把每一卷都读完。"在书房里，盖茨偶然发现了达芬奇16世纪初期写的部分手稿的英译本。手稿里直言不讳地预言直升机、潜水艇及其他现代成果的发明，盖茨不禁为达芬奇的天才预言所折服。他用了相当长的一段时间研究它，试图找出达芬奇做出伟大预言的根源。大量的课外阅读使他的数学和自然科学知识远远超过了同龄人。

计算机梦想。早在中学阶段，盖茨就迷上了计算机。有一次，老师带领全班学生到计算机房参观，在老师的监督下，盖茨在计算机上输入了几条指令，当这台计算机马上与几公里之外的另一台计算机连通时，盖茨被眼前发生的一切惊呆了。这一切甚至比《火星人》中所描绘的情景更神奇。从此，他就被这台神奇的机器迷住了，计算机房成了他最喜欢去的地方。他从不放过任何一个可以去那里的机会，有时甚至和伙伴们一起逃课，就是为了能在计算机房多待一会儿，哪怕受到老师的责罚。正如比尔·盖茨所说："我那时完全成了一个计算机迷，日日夜夜都在想着电脑的事……每天晚上只有在电脑房里，才是无比开心的时刻……"

1973年秋天，比尔·盖茨走进了哈佛大学，并且决定学习法律学。但深思熟虑后终于放弃了专攻数学、法律和生理学的念头，决定走计算机的成才之路。1975年7月，比尔·盖茨和保罗·艾伦创立了"微软公司"。一年之后，他毅然决定办理休学，全身心投入到计算机事业。"微软"是微型计算机和软件这两个单词的英文缩写。微软公司成立时的宗旨是：要为各种各样的微型计算机开发软件。创办这个公司的时候，比尔·盖茨和保罗·艾伦分别是20岁和22岁。

比尔·盖茨从小到大一直痴迷于电脑。在他的眼里，电脑就是一切。在创建微软公司的日子里，他身先士卒，守在电子终端机旁，一干就是通宵达旦，从来没有说声累。他已经完全把自己融入了他所喜爱的事业中。他的成功事例给21世纪的学生提供了一个有益的启示："坚持、热衷是成功的钥匙。你应该了解你的能力范围、你最擅长的事情，然后把你的时间、精力投注其中。"

狄更斯

讲故事的高手

● 人物光影

查尔斯·狄更斯（1812—1870），英国19世纪伟大的批判现实主义作家，一生创作了大量作品，广泛描写了英国维多利亚时代的社会生活，揭露了资产阶级金钱世界的种种罪恶。主要著作有：《匹克威克外传》《双城记》《雾都孤儿》《董贝父子》《大卫科波菲尔》《荒凉山庄》《艰难时世》《小杜丽》《双城记》《远大前程》。

"大概是5岁的时候吧！父亲常常带着我，到郊外去散步。"这是在英国作家狄更斯的记忆中，印象相当深刻的一件事。那时，狄更斯的父亲总是一面和儿子闲闲散散地漫步，一面讲着一个又一个的故事，给小小的狄更斯听，这让童年时的狄更斯在不知不觉中爱上了"故事"！不久，既聪明又有好记性、且承袭了母亲模仿天分的狄更斯，也开始试着自己编故事，并讲给姐姐和朋友们听。

进入小学接受正式教育的狄更斯，将自己的绝大多数时间投入到"读书"中，只要走进父亲藏书甚丰的书房，从书架上取下一本自己不曾读过的小说，小小的狄更斯就忘了身旁所有的一切，全副身心地沉浸于《汤姆历险记》《鲁滨孙漂流记》《堂吉诃德》等各种古典小说里，并随着书中叙述的情节进入故事中的多彩世界！

他开怀地跟在汤姆·琼斯身后，顽皮地四处漫游；英气勃勃地跨上堂吉诃德的战马，前去攻击想象中的恶人；勇气十足地踩着鲁滨孙的脚步，登上一座未知的荒岛……全然沉醉书中的狄更斯，尽兴徜徉在想象中的故事世界！虽然自己的身体离开了父亲的书房，但对书中的故事世界无法忘怀的狄更斯，在脑海里将自己观察到的或听到的日常生活中的一切，与所读故事延展出的幻想世界融为一体，扮演着另一个不同于真实人生的角色。

"是这些书，使我的幻想始终保持生动。"日后，狄更斯自言："邻居们家中的每一座谷仓，教堂里每一角落的每一块石子，从园子里传来的每一声脚步声，在我心底，都与我所读的那些书，完完全全地结合在一起。"

10岁那年，狄更斯便已学会了"如何令想象翱翔于一已经验之外，同时使之转换成可被叙述的故事"。两年后，12岁的狄更斯进入位于伦敦颇有声誉的威灵顿中学。当时，狄更斯的成绩不仅不算突出，而且要以"不太好"来形容。但是，本就伶俐聪明、较一般同龄孩子在写作方面也更为优秀的狄更斯，没多久便赶上了同学们的课业进度，随之成为班上名列前茅的风云人物！

不过，此时在学校里的狄更斯，最爱的书籍却不是课本，而是一份名为《可怕的记录》的周刊，这也是狄更斯最爱不释手的课外读物。在每份仅售1便士的《可怕的记录》里，总是有以极尽渲染的笔法叙述的许许多多与犯罪、审判、灾祸、异象有关的内容。这些情节，不仅与保姆玛丽留在狄更斯幼年记忆中的故事相仿，而且更加激发了他潜藏于心的"编织故事"的欲望！

此时的狄更斯，再度尝试撰写短篇故事，并将这些故事讲给他的同学和玩伴们听，而他们在听了狄更斯的故事后，每每为之悠然神往……

凡尔纳
"写作公司"老板

● 人物光影

儒勒·凡尔纳（1828—1905），法国19世纪著名的科幻小说和冒险小说作家，被誉为"科学幻想小说之父"。生于法国西部城市南特。1848年，赴巴黎学习法律，写过短篇小说和剧本。1863年，开始发表科学幻想冒险小说，总共创作了66部长篇小说和短篇小说集、1册《法国地理》、1部6卷本的《伟大的旅行家和伟大的旅行史》。主要著作有：长篇科幻历险小说《气球上的五星期》《地心游记》《机器岛》《漂逝的半岛》《八十天环游地球》三部曲 《格兰特船长的儿女》《海底两万里》《神秘岛》。

邂逅大仲马。

18岁时，凡尔纳遵父嘱，去巴黎攻读法律，可是他对法律毫无兴趣，却爱上了文学和戏剧。一次，凡尔纳自一场晚会早退，下楼时他忽然童心大发，沿楼梯扶手悠然滑下，不想正撞在一位胖绅士身上。凡尔纳非常尴尬，道歉之后随口询问对方吃饭没有，对方回答说刚吃过南特炒鸡蛋。凡尔纳听罢摇头，声称巴黎根本没有正宗的南特炒鸡蛋，因为他就是南特人而且精通此菜。胖绅士闻言大喜，诚邀凡尔纳登门献艺。二人友谊从此开始，并一度合写戏剧作品，为凡尔纳走上创作之路创造了有利条件。这位胖绅士的名字是大仲马。

凡尔纳毕业后，更是一门心思投入诗歌和戏剧的创作，为此不仅受到父亲的严厉训斥，并失去了父亲的经济资助。他不得不在贫困中奋斗，以读书为乐。他十分欣赏雨果、巴尔扎克、大仲马和英国的莎士比亚。在巴黎，他创作了20个剧本（未出版）和一些充满浪漫激情的诗歌。

后来，凡尔纳与大仲马合作创作了剧本《折断的麦秆》。该剧于1850年初次上演，标志着凡尔纳在文学界取得了初步的成功。

写作公司。

凡尔纳被后人称为"科学幻想之父"。他的作品以丰富的想象力和知识渊博见长，具有撼人心魄的艺术力量。

凡尔纳之所以能创造出数量多、质量高的作品，是因为他书读得多，摘记得多，积累得多，摘记卡片和读书技巧帮了他的大忙。传说凡尔纳生前有一个"写作公司"。有一次，一位记者专程前往拜访他，执意要揭开"写作公司"的秘密。凡尔纳把记者领进自己的工作室，微笑地指着好多书柜说："这就是你要找的'写作公 司'。"记者好奇地打开一个柜子，只见里面分门别类地放满了卡片，而卡片上密密麻麻地写着各种资料，仅这一个柜子就有卡片2万多张。记者惊叹了，原来，凡尔纳写的作品都出自这些小小的卡片。凡尔纳去世后，人们才惊奇地发现他的读书笔记有25000余本，而且字迹非常工整。

凡尔纳写的科学幻想小说，内容极其广泛，包罗万象，可以说涉猎到大千世界的各个主要方面，但他从来不胡思乱想。在他构思《海底两万里》之前，就查阅过2000年前俄罗斯亚历山大大帝乘坐密封容器出没海底的记载，还翻阅过18世纪美国发明家富尔顿设想潜艇的草图。在此基础上，凡尔纳才孕育了未来潜艇的浪漫幻想。他在写《海底两万里》时竟参考了1000多种书，记下水生物近万种。为了写作《月亮旅游记》，他曾研究了500多册参考书和科学论文。

凡　高

读书对于绘画的启迪

● 人物光影

文森特·凡高（1853—1890），荷兰画家，后期印象画派代表人物。出生在荷兰一个乡村牧师家庭，是后印象派的三大巨匠之一。当时，他的作品虽很难被人接受，却对西方20世纪的绘画艺术产生深远的影响。凡高早年经商，后热衷于宗教，1880年，开始学习绘画。曾在巴黎结识贝尔纳、西涅克和高更等画家。代表画作有：《食土豆者》《罗纳河畔》《向日葵》《邮递员鲁兰》《咖啡馆夜市》《包扎着耳朵的自画像》《星空》《欧韦的教堂》。

凡高说过："我是一个有用的人，我的生活毕竟有一个目的。"凡高学绘画时，已经27岁了。他认识到30岁左右的人，可塑性很大，但生活不稳定，此时学艺，不只是一种尝试的问题，而是能否坚持下去的问题。

为此，凡高大量阅读图书，英文、法文、拉丁文他都学习。凡高还每天写一点东西。夜很深了，他房间里的灯还是亮着；早上起床后，头很沉，甚至发烧，但他依然每天起得很早。

凡高爱读书，读书使他了解了大千世界，使他在茫茫无际的生活海洋里撑起一叶扁舟，他驾驶着这叶扁舟，遨游四方，去寻求绿岛，寻求美好，寻求人生的道路。

"书山有路勤为径"。凡高沿着书山之路寻求到了他所需要的东西，那就是画艺。凡高从书中获得了绘画的意境、下笔的技艺和独特的思维方法，书籍还帮凡高丰富了绘画时的情感。凡高说，他需要阅读大量的书籍，他要依靠教堂与书店对自己进行帮助。

凡高说，他之所以看书，是由于作家们用那种比他更宽广、更适度，以及更可爱的眼光来观察事物。这些作家对生活的理解很深刻，从他们那里可以学到很多东西。凡高说，莎士比亚作品中的语言、风格和激情与美术家的杰作是相似的。在《汤姆叔叔的小屋》中，作者以崭新的观点分析奴隶制度，其分析问题与认识事物的方法值得画家借鉴。屠格涅夫和都德的作品都有很强的目的性，并且有先见之明。作家的热情与志趣对人们的工作和思考有一定的启发和引导作用。作为画家，必须学会读书，学会用眼睛欣赏艺术品。对于每一幅画、每一本书都要细心研究琢磨，通过视觉艺术给人以启迪。

凡高懂得读书与绘画的密切关系，他如饥似渴地读书，潜心揣摩绘画艺术。他详细地阅读过萨克雷、狄更斯和格鲁逊的作品，阅读过关于十字军的书，阅读过《圣经》、法文版《基督的效法》、克劳迪乌的作品集、雨果的《悲惨世界》、左拉的《萌芽》和《劳动》、莫泊桑的《俊友》、海涅的诗歌、爱德蒙·罗歇的《诗集》、托尔斯泰的《我们的信仰》、米歇列的《法国革命》，以及当时出版的《艺术杂志》和凡·弗洛登写的有关艺术的图书等。

凡高说，那种绘画之邦或艺术的王国，在书籍中到处可见。只有相当严肃地阅读我们所能得到的图书，这才是我们获得希望、期待和探求的源泉。

艺术的殿堂，充满了知识的天性、心灵的杰作和聪明才智。书中的知识与天地宇宙一般广阔，认真地读书，可以获得无穷的力量。凡高或许是巧妙地发现了这个力量之源，从而造就了他的未来理想——高尚的灵魂和绝世的作品。

傅　雷
做人第一，读书第二

● 人物光影

傅雷(1908—1966)，中国著名文学艺术评论家、翻译家。20世纪30年代，致力于法国文学的翻译工作，以启迪民智、拓展读者精神视野为己任。毕生翻译作品30余部。主要著作有：译著《约翰·克利斯朵夫》《贝多芬传》《托尔斯泰传》，《高老头》《欧也妮·葛朗台》《贝姨》《邦斯舅舅》《亚尔墙·萨伐龙》《夏倍上校》《都尔的本堂神甫》《幻灭》《赛查·皮罗多盛衰记》《于絮尔·弥罗埃》《老实人》《天真汉》《查第格》《嘉尔曼》《高龙巴》《艺术哲学》，专著《世界美术名作二十讲》，散文《贝多芬的作品及其精神》。

傅雷一生博览群书，他在古今中外的文学、绘画、音乐等多个领域，都有着极渊博的知识，他对两个儿子的教育培养也要求极高。

次子傅敏曾回忆说，刚进入初中，父亲就要求他读《古文观止》。傅雷对儿子说："这个古文选本，上起东周，下迄明末，共辑文章220

篇，能照顾到各种文章体裁和多方面的艺术风格。其中不少优秀文章反映了我国古代各家散文的不同风貌，如《战国策》记事的严谨简洁；纵横家说理的周到缜密；《庄子》想象的汪洋恣肆……无论它的说理、言情、写景、状物，均堪称典范，会对你的古文学习和修养有很大帮助。"他每星期天选择其中一篇详细讲解，孩子读懂后便要背诵。

一次，傅敏由于忙于球赛而未能背出《岳阳楼记》。他垂着头，心中忐忑不安，等着父亲批评。平时对儿子要求极严的傅雷这回没有发脾气，而是使劲吸着烟，半晌才缓缓地说："过去私塾先生要学生背书，子曰、诗云，即使不懂，也要鹦鹉学舌地跟着念和背。诚然，死记硬背不宜提倡。然而平心而论，似也有其道理。七八岁的孩子，记忆力正强，与其乱记些无甚大用的顺口溜，不如多背些古诗古文。中国的好诗文多得很。一首首、一篇篇地储存在脑子里，日子长了，印象极深。待长大些，再细细咀嚼、体味，便悟出了其中意义，这称为反刍。若到了二三十岁，甚至更晚才开始背，怕也难记了。'少壮不努力，老大徒伤悲'，这都是经验之谈哪！……"望着已经知错的儿子，傅雷翻开《岳阳楼记》这一篇，让儿子高声朗读，然后意味深长地说："范仲淹登岳阳楼，将览物之情归纳为悲喜二意，指出古之仁人忧多而乐少。然后说明自己之忧乐俱在天下，正见他确实不以物喜、不以己悲之真意。还记得陈子昂的《登幽州台歌》么？""记得。前不见古人，后不见来者，念天地之悠悠，独怆然而涕下。"傅雷点点头："那么，你想想看，为什么同样登高望远，同样登岳阳楼，所见之景是一样的，而他的想法与别人却不同？他能写出'先天下之忧而忧，后天下之乐而乐'的抱负，和他的经历、思想有什么联系？全文是怎样一层层展示它的中心的？"

望着父亲那眼镜片后慈祥、智慧的目光，傅敏重重地点点头。20多年后，傅敏回忆起来，耳边似还响起父亲那熟悉的声音："做学问需要切切实实地下功夫，不能自欺欺人呵！"

长子傅聪是著名的钢琴艺术家。在傅雷的影响下，从小熟悉贝多芬、克利斯朵夫等艺术巨匠，培养了对音乐的浓厚兴趣，并在父亲严格执教下学习音乐，练习钢琴，从而走上音乐大师之路。

1954年，傅聪赴波兰参加国际钢琴比赛，取得优异成绩，并引起轰动。欧洲的评委们在幕后听到傅聪演奏的西洋曲子里，隐隐约约地糅合了东方诗画的意境。意境是中国式审美的特质，在东西方文化交融下，外国评委倾倒了。《傅雷家书》是傅雷写给在海外学艺的傅聪的部分家信。它记载了父辈对儿辈的精神上的家训，记载了一位历经沧桑的饱学的长者对才华横溢但又初入人世的青年人的忠告。

可见，傅雷是把读书与做人，读书与艺术紧密联系在一起的。他希望儿子能做个德艺俱备、人格卓越的艺术家。事实也真像老人所期望的那样，傅聪在异国的生活中，从父亲的书信中，从父亲所推荐、所分析的一系列书籍中吸取了丰富的精神和艺术的养料，从而对人生有了更深刻的了解，对艺术有了更诚挚的大爱，使他不管在人生旅途中遭到怎样的风浪和坎坷，都始终不忘自己是一名中国人。

富兰克林

唯一的娱乐

● **人物光影**

本杰明·富兰克林（1706—1790），美国18世纪的实业家、科学家、社会活动家、思想家和外交家。美国历史上，第一位享有国际声誉的科学家和发明家。参加起草了《独立宣言》和《美国宪法》，积极主张废除奴隶制度，深受美国人民的崇敬。他是美国第一位驻外大使，在世界上享有较高的声誉。主要著作有：《平凡的真理》《电子实验与观察》。

博学多才的富兰克林，是18世纪美国的大科学家和政治家。一次，有人问他："您那渊博的知识是怎么得来的？"富兰克林不假思索地回答说："靠自学，读书是我唯一的娱乐。"富兰克林这么说，一点也没有掺假。

1706年，富兰克林出生在北美波士顿城的一个经营蜡烛和肥料的手工业工人家庭里，尽管富兰克林自幼聪明好学，在小学读书时门门功课名列前茅，但由于家境贫寒，他只读了两年，被迫停学回家，帮助父母在店里剪烛芯和浇灌烛模。不过，富兰克林对这一点不感兴趣，常常拿店里的钱去买书。他最爱读航海小说，买得也最多。有一次，他还下狠心买了一套大部头的百科全书。开始，父亲尚未注意，后来发现每天进账常有短缺，就问儿子是怎么回事。富兰克林眨着一双有神的大眼睛小心地答道："爸爸不是叫我继承父业吗？我拿去买书了。"说着，双眼还闪露着调皮的笑意，搞得父亲气也不是，笑也不是。没办法，父亲只好采取紧急措施，不准富兰克林管账，每月只给他一点零用钱。但富兰克林也有办法，他认为自己买书的目的只为了看书，而不是为了藏书，因此原来买的书读完后，他就拿去跟人家换，或者干脆卖掉了再买新的。这样，他手里的书也就源源不断。他读过《历史集录》《名人列传》，笛福的《计划论》和马德的《为善论》，这些书都对他产生了深远的影响。

有一次，教堂的胖神父到富兰克林家来做客，父亲从阁楼上拿出几本他从未见过的书。这对求知欲旺盛的富兰克林说，诱惑力实在是太大了。阁楼究竟还有什么书呢？他决定来一次侦察。一天，他趁父亲睡午觉，偷偷地爬上阁楼，小心地撬开藤箱。嗬，箱子里整齐地放着各种封面的精装书。富兰克林像发现了宝藏似的喜不自禁。他赶紧捡了几本揣在怀中，蹑手蹑脚地走下楼来。然而，没想到他刚下楼就和父亲撞了个满怀。63岁的父亲望着儿子尴尬的神情。心中早已明白了大半。他捋了捋胡子，佯装不知地说："我们的小英雄上阁楼去啦！"富兰克林灵机一动，说："我抓，抓老鼠去喽。"老头子一听，不由哈哈大笑起来："抓老鼠？我看你倒像一只老鼠。把衣服给我解开！"富兰克林见西洋镜已经拆穿，只得解开衣服，硬着头皮挨训。但出乎意料的是，父亲接过书看后，并没有骂他。因为老父亲一直在为儿子的职业操心，偷书事件到使他心头豁然一亮：既然儿子这么爱书，就让他学印刷吧。

于是，父亲把他送到富兰克林哥哥开的一家印刷厂里去做学徒工。这一来，富兰克林如鸟入林。他白天上班，到了晚上，便躲在小阁楼里，点上父亲那里要来的牛油蜡烛，兴致勃勃地阅读些刚装订好的新书。在这期间，他还结识了附近书店的几个学徒，经常从他们那里借到许多有趣的书。书店学徒把书拿出来给富兰克林看，是绝对不让老板知道的。为此，他们商量好，必须保证不把书弄脏，头一天晚上借，第二天一早必须还。为了读完借来的一本本好书，富兰克林常常彻夜不眠，第二天天不亮就赶忙把书给朋友送回去。印刷厂的工人见他眼睛都熬红了，都劝他出去玩玩，可他总是摇摇头笑着说："不，读书是我唯一的娱乐。"

高尔基
向法国作家学习写作

● 人物光影

  高尔基·马克西姆（1868—1936），苏联伟大的无产阶级作家，社会主义、现实主义文学奠基人，无产阶级革命文学导师，苏联文学的创始人。生于下诺夫哥罗德城的一个木匠家庭。从小丧父，11岁开始流浪谋生，当过学徒、装卸工、面包师，因参加革命活动而多次被捕。20世纪初，参加并领导知识出版社，团结了许多有民主倾向的知识分子。1905年，俄国革命后赴美国宣传俄国革命。1917年，十月革命后，组织新文化队伍，创办多种杂志，培养青年作家。主要著作有：剧本《小市民》《底层》《仇敌》，长篇小说《母亲》《阿尔塔莫诺夫家事》，自传体三部曲《童年》《在人间》《我的大学》，回忆录《列夫·托尔斯泰》《列宁》，文学论著《论犬儒主义》《个人的毁灭》《俄国文学史》《论文学及其他》。

  我记得，我在圣灵降临节这一天阅读了福楼拜的著作《一颗纯朴的心》。黄昏时分，我坐在杂物室的屋顶上，我爬到那里去是为了避开那些兴高采烈的人，我完全被这篇小说迷住了，好像聋了和瞎了一样，我面前的喧嚣的春天的节日，被一个最普通的、没有任何功劳也没有任何过失的村妇——一个厨娘的身姿所遮掩了。很难明白，为什么一些我所熟悉的简单的话，被别人放到描写一个厨娘的"没有兴趣"的一段小说里去以后，就这样使我激动呢？在这里隐藏着一种不可思议的魔术。我不是捏造，曾经有好几次，我像野人似的，机械地把书页对着光亮反复细看，仿佛想从字里行间找到猜透魔术的方法。

  我熟悉好几十本描写秘密的和流血的罪行的小说。然而，当我阅读司汤达的《意大利纪事》的时候，我又一次不能了解：这种事怎么做得出来呢？这个人所描写的本是残酷无情的人、复仇的凶手，可是我读他的小说，好像是读《圣者列传》或者听《圣母的梦》——一个关于他在地狱中看到人们遭受"苦难的历程"的故事。

当我在巴尔扎克的长篇小说《驴皮记》里，读到描写银行家举行盛宴和二十来个人同时讲话，因而造成一片喧声的篇章时，我简直惊愕万分，各种不同的声音我仿佛现在还听见。然而，主要之点在于，我不仅听见，而且也看见谁在讲话，怎样讲话，看见这些人的眼睛、微笑和姿势，虽然巴尔扎克并没有描写出这位银行家及客人们的脸孔和体态。一般说来，巴尔扎克和其他法国作家都精于用语言描写人物，善于使自己的语言生动可闻，对话纯熟完善，这种技巧总是使我惊叹不已。巴尔扎克的作品好像是用油画的颜料描绘的，当我第一次看见卢本斯的绘画时，我想起的正是巴尔扎克。当我阅读陀思妥耶夫斯基的疯狂似的作品时，我不能不想到，他正是从这位伟大的长篇小说巨匠那里获得很多的教益。我也喜欢龚古尔兄弟的像钢笔画那样刚劲、清晰的作品，以及左拉用暗淡的颜料描绘的晦暗的画面。

黑格尔

笃学深思

● 人物光影

格奥尔格·威廉·弗里德里希·黑格尔（1770—1831），德国18世纪末19世纪初伟大的哲学家，德国古典唯心主义之集大成者。黑格尔生于德国的斯图加特。杜宾根大学哲学博士。曾任纽伦堡文科中学校长。1801年，30岁的黑格尔任教于耶拿大学。之后，任海德堡大学、柏林大学教授。1830年，任柏林大学校长，其哲学思想才最终被定为普鲁士国家的钦定学说。黑格尔一生著述颇丰，主要著作有：《精神现象学》《逻辑学》《哲学全书》《法哲学原理》《哲学史讲演录》《历史哲学》和《美学》。

笃学深思，是指一心一意地学习，聚精会神地思考，朝着一个伟大的目标迈进。

博闻强识。黑格尔崇尚理性，渴求探索，广泛涉猎，究其必然。5岁的时候就受到了正规的家庭教育，父母为他请了家庭教师。上学后，他努力把各科学习成绩都保持在一流水平上，每次升级考试的成绩都是优秀。他的业余时间大多用于读书。他把父母给的零用钱都用来买书，每逢周三、六就去公爵图书馆看书。黑格尔总是把读过的书中有价值的东西详细摘录在一张张活页纸上，然后按照语言、美学、算学、面相学、几何学、心理学、史学、神学和哲学等科目加以分类，而每一类又都严格按照字母次序排列。所有的摘录都放在贴有标签的文件夹中。这些文件夹伴随了黑格尔的一生。特别是黑格尔升入文科中学高年级以后，更加好学多思，尤其喜欢读那些厚本精装的权威书籍。他倾心于古代风尚、古典文学和古典诗歌。他研读了柏拉图、亚里士多德、西塞罗和塔西佗等人的哲学著作，他醉心于索福克勒斯和欧里庇得斯的悲剧，翻译过爱比克泰德和隆各司的作品。10岁的时候，黑格尔开始写日记，天天写日记，从未间断过。1785年7月3日，黑格尔在日记中写道："在散步的归途中，我们，尤其是我，提出了一个命题：任何东西都有好与坏的一面。"

勤奋多思。黑格尔从小学、中学、一直到大学，走的是一条治学严谨、循序渐进的求学道路，在从事教学和哲学研究的事业中，认真钻研前人的成果、勇于探索、开拓创新。他常常陷入沉思，显得异常的超脱和宁静，很难有什么动静能够打断他的思路。有一次，黑格尔聚精会神地思考一个问题，在同一个地方站了一日一夜。还有一次，他一面沉思一面散步，天下雨了，他的一只鞋陷进烂泥，可他却没有发现，还是继续往前走，一只脚穿着鞋，另一只脚只剩下袜子了。黑格尔除了假期旅行、探亲访友外，其余时间他总是投入到他的研究中，修改他的教案，阐发他的思想，不断深化他的研究成果。

学有所成。黑格尔坚定地强调，哲学是"深入到人对最重要的真理的概念和认识的底蕴及内在性质认知的科学"。哲学要比其他科学更有价值。无论是担任文科中学校长，还是柏林大学校长，他广泛而深入地研究了社会历史领域和自然界的许多方面。客观物质世界的许多实际情况都反映在他的思想和著作中，对整个社会历史领域，黑格尔都力求找出贯穿这一领域的发展线索。黑格尔认为，自然界、人类社会和人类思维都不是静止事物的总和，而是一个不断发展的过程，正如古希腊大哲学家赫拉克利特所说：人不能两次踏入同一条河一样。黑格尔是个学识渊博的思想家。他从唯心主义的一元论出发，批判了康德的二元论，排除了康德哲学中的唯物主义因素，扬弃了费希特的主观主义和谢林的客观唯心主义，从而建立起了自己的客观唯心主义哲学体系。同时，他批判了康德在许多问题上的形而上学的思维方法，大大发展了辩证法思想，撰写了鸿篇巨制《哲学全书》。

黄 昆
严谨治学

● 人物光影

　　黄昆（1919—2005），中国固体物理学先驱，中国半导体技术奠基人，物理学家，教育家，中国科学院院士。浙江嘉兴人，生于北京。1941年，燕京大学物理系毕业。1945年，获西南联合大学物理硕士学位。1945年，留学英国，成为固体物理学家、诺贝尔奖获得者莫特教授的研究生。1947年，获英国不列斯托大学物理博士学位。1951年，回国后在北京大学从事物理数学和研究工作。1955年，当选为中国科学院物理学数学部委员（院士）。1977年，任中国科学半导体研究所所长。1980年，被瑞典皇家科学院聘为外籍院士。1985年，当选为第三世界学院院士。1987—1991年，任中国物理学会理事长。1984年获，英国圣母玛利亚大学授予的"理论物理弗雷曼奖"，中美洲州立大学协会授予的"卓越的外国学者"称号。1986年，被全国总工会授予"全国优秀科技工作者"称号和"五一劳动奖章"。1995年10月，获"1995年度何梁利基金科学与技术成就奖"。1996年6月，获1995年度陈嘉庚奖——数理科学奖。2001年，获国家最高科技奖。黄昆毕生致力于固体物理学方面的研究，做出了许多开拓性的重大贡献，对推动固体物理学的发展发挥了重要作用。

　　黄昆一辈子和物理打交道，为之奋斗和追求的目的只有一个，那就是要发现物理学的真谛。1945—1951年，是黄昆科研生涯的第一个高峰期。当时他在英国留学，从黄漫射到黄理论、黄方程，他接连取得数个国际性的创新成果，表现出非凡的科技天赋。在同一时期，与量子力学的创始人之一、诺贝尔奖得主德国物理学家马克斯·玻恩合写的《晶格动力学理论》一书，更是奠定了他在国际固体物理学领域的权威地位。这本著作至今仍被世界各地物理学研究者推崇，对信息产业特别是光电子产业产生重要的现实指导意义。

读名校、从名师、交名友，黄昆独特的人生经历使他成长为一名治学严谨的学者。1951年回国后，黄昆正赶上新中国高等院校物理专业的初建和院系调整，从此开始了26年的教书生涯。他和虞福春、褚圣麟教授一起，为新中国物理学科的规划和建设出谋划策，在北京大学建起了有特色的普通物理教学体系，并奠定了我国固体物理学和半导体物理学的基础。没有课本，他自己动手编写了《固体物理学》，还和谢西德教授一起编写了《半导体物理学》；没有人才，他精心培养，众多弟子被评为院士，成为我国科技界中的佼佼者。

"我喜欢与众不同，不喜欢随大流。"黄昆这样说，"只有自己创造性地去解决对科学的问题，才能得到科研的乐趣，才能享受到科研人员最大的愉快。"他不仅对自己要求高，而且严格要求他学生、助手和科研人员，做科研不要追求数量，要注重质量。当年在西南联大，黄昆和杨振宁同住一屋，经常就学术问题发生激烈的争论。杨振宁说："正是这些争论，使我们找到了科研的感觉。"黄昆不喜欢翻阅文献资料，而是喜欢从"第一原理出发"，去探寻物理世界的奥秘。他说："我看文献比较少，因为那样容易被人牵着鼻子走，会成为书本的奴隶。自己创造的东西和接受别人的意见，对我来说，后者要困难得多。"正是这种治学风格，使黄昆在学术上屡屡攻城略地，获得成功。

黄永玉

看书忌虚荣

● 人物光影

黄永玉（1924—   ），中国美术家。出于湖南省凤凰县，土家族，笔名黄可宾、贾牛、牛仔、张观保，受过小学和不完整初中教育。16岁开始以绘画及木刻谋生。自学美术、文学，为一代奇才，他创作的毛主席纪念堂的山水画、画作《阿诗玛》，以及他设计的生肖邮票《猴》和酒鬼酒包装家喻户晓。其人博学多识，诗书画俱佳，亦是诗、杂文、散文、小说、剧本的大家。因其美术成就曾获意大利共和国骑士勋章。

黄永玉的一生硕果累累。尤其是他的随和、睿智、灵性和恬淡，让人对他倍增景仰之情。然而，他全靠自学成才，没有受过多少正规的教育。对此，黄永玉从不讳言，他是一名曾留级5次的调皮学生："我初中没毕业，没有系统的学问，没有主导思想，几十年来，我爱看什么书就看什么书，所以我说啊，我的读书方法是不足为范的!"

黄永玉常说他很少"读书"，但事实上他却是一个经常看书，甚至无书不能成眠的"书痴"。有一段趣话是，他到一个地方办事，忙中没有带书，夜里投宿于一宾馆，脑袋咕咕作响。无奈，他拿起床边柜上的电话簿就"啃"，直至精神饱足才呼呼入睡。可想而知，书本在黄永玉心目中的分量。不过，令人不解的是，他一向不强调看书的"用处"。

"我看书，不是为了增加本钱，甚至不是为了增加什么艺术或文化修养，我不用理会读书究竟对我有什么帮助，对画画有什么作用，读书就像吃东西那么自然，饿了就找东西吃嘛!"这种"无为"的读书方法，反而更能使读书的人自然成长，正如他自己所说的："书本的知识就渗透在你的骨骼和血液里。"

虽说是"无为"，但从结果来看却是十分"有为"。黄永玉自己也承认，虽然他没有刻意地发展一套理论，但有一日，别人会从他的小说里看到他的主导思想。读书的艺术家必然会将所读的知识和领悟反映在自己的作品中。

"哪些是不读书的画家，你是一眼就看得出来的!"他举了一个例子：少年时，他看过莱伊尔的《普通地质学》和达尔文的《在贝尔格军舰上的报告书》，其中有关军舰、地质学、岩石学、环境学的知识，这对他作画有很大帮助。"你画岩石，总不能将水成岩和火成岩画在一起吧! 这是常识啊!"

黄永玉曾给媒体记者介绍过一个文化界逸事。据说，某期刊举办一个"青年必读书"的活动，青年作家施蛰存推荐了《庄子》和《文选》，鲁迅知道后就写文章驳斥他说"国家现在陷入危难中，你还叫人去读这些没用的书"。事实上，鲁迅曾以"多读外国书少读中国书"来鼓励青年人多培养智慧和广阔的视野。施蛰存不服，回文反击说，"期刊活动的主旨是有关如何做文章的问题"，而鲁迅先生也曾说"少读中国书不过不能为文而已"，可见，要做文章一定要读中国书。黄永玉认为，这次的争议很有意思。

黄永玉说，他曾受鲁迅观点的影响，因此当他年轻时看了很多外国翻译书，其中一本是法国作家罗曼·罗兰写的《约翰·克利斯朵夫》。那时，他在某中学当教员，每逢星期日，他就跑到书局，站上一天看书，回家前就将看到的那页页角折起以作记认，到下个星期日，他从那页开始读起，就这样，他把一套4册的《约翰·克利斯朵夫》站着读完了。

罗斯金
开凿冶炼

● 人物光影

约翰·罗斯金（1819—1900），英国作家、批评家、艺术家，他对社会的评论使他被视为道德领路人或预言家。出生于伦敦一个殷实的酒商家庭，从小受严格的家庭教育。每年夏天随父母游览名山大川，参观古代建筑和名画，培养了对自然和艺术的爱好。毕业于牛津大学基督教学院，曾任牛津大学美术教授。一生喜好读书，作品文字优美、色彩绚丽，篇目甚多，尤以政论著名，有"美的使者"之称。主要著作有：《时至今日》《芝麻与百合》《野橄榄花冠》《劳动者的力量》《经济学释义》《现代画家》《建筑的七盏灯》《威尼斯之石》。

罗斯金是由母亲精心培养长大的。他的母亲是一位虔诚的清教徒。她把所有的玩乐都看成是罪恶，所以从来没给幼小的罗斯金买过玩具。母亲每天早上花几个小时和儿子一起读《圣经》。当时，小学还不是义务教育，所以罗斯金只上了几个月的学。他的大部分教育是在家中进行的。18岁时，罗斯金考入牛津大学。母亲硬是在大学附近租了一间房，时刻照顾儿子的生活。

罗斯金说："当你打开来一本好书之前，你必须对自己提出几个问题：'我自己是否能向像那澳大利亚采掘工一样吃苦？我的锄头铁铲是否有用？我的思想准备是否充分？我的袖子是否已卷得高高？另外，气力心情是否正常？如果再比喻下去，那么你所探求的金子便是作者的思想或书籍的寓意，他的文句便是你为了寻金所必须捣碎和冶炼的矿石。你的丁字镐便是你自己的辛苦、聪明与知识，你的熔炉便是你那探索事物的心智。离了这些工具和你的炉火，你休想去弄懂一位作家的意思。实际上，你的工具往往得利而再利，精而再精，你的一番冶炼也得辛苦耐心之极，才有可能挣得一粒黄金。'"

罗斯金将读书比喻为采矿，采掘的"金子"比喻成作者的"思想或意思"；将"捣碎冶炼的矿石"比喻成对"文句"的推敲和理解；将"丁字镐"比喻成读书人的"辛苦、聪明与知识"；将"熔炉"比喻成"探索事物的心智"；将冶炼过程比喻成思考过程。

罗斯金告诉我们：读书就想采掘工一样，要想探求书中作者的思想或意思、书中的文句和艺术技巧，必须做好心理上、精神上的双重准备。读书之前要心平气和，排除干扰和杂念，集中精力，专心读书；必须做好物质上的准备，备好各种工具书、字典、辞典、笔记本等；还必须在读书时要"耐心之至"，边阅读边思考，在"冶炼"过程中积极动脑。正想罗斯金说的那样，"要一点一滴、仔仔细细弄清每个词的确切意义"，还要联系学过的知识，做到举一反三，触类旁通。

借鉴罗斯金"开凿冶炼"的阅读技巧，必须明确：学习只有像采矿工人一样付出辛苦的劳动，才会得到金子般的收获。

钱伟长

适当跨越

● 人物光影

钱伟长（1912—2010），中国著名爱国民主人士，民盟中央名誉主席，中国科学院院士，著名力学家、应用数学家、教育家、社会活动家，我国近代力学的奠基人之一。长期从事力学研究，在板壳问题、广义变分原理、环壳解析解和汉字宏观字型编码等领域做出了突出的贡献。其提出的"板壳内禀理论"中的非线性微分方程组被称为"钱伟长方程"。曾创办《应用数学与力学》刊物，采用中英文两种文字，在国内外发行。致力于发展教育事业，曾担任上海工业大学校长，上海应用数学和力学研究所所长，上海大学校长等职。

钱伟长是我国现代著名的科学家、教育家，在力学研究方面做出了卓越贡献。

适当跨越，是钱伟长在多年读书中积累的宝贵经验。他说，在读书学习过程中，遇到小问题，不是关键的问题，我们为什么不能绕过去、跨过去？比如走马路，会有很多障碍，如沟坎、石头等。面对这种情形，有的人只能把沟填满、把石头搬掉才肯过去，将时间和精力浪费在处理细枝末节等小问题上。其实，换个思维考虑，只要你跨过去、绕过去就行。学习同样如此，要掌握那些关键的知识点，要大踏步地往前走，走远了再回头来看，原来的难点就不见了，原先那些碍手碍脚的阻碍都不成问题了。如果你一旦被一些小问题缠住，那你就一辈子也学不成了，千万不要为了那些小困难而停下来，那样是舍本逐末、得不偿失的误人之法。

在读书学习过程中，常常会遇到一些小问题，如果在这些小问题上花费大力气是不值得的。一方面，这些小问题不是所读书中的基本观点、主要内容，不影响对全书的理解和认识；另一方面，在这些小问题上纠缠不休，会被这些枝节的小问题弄得糊里糊涂，成为死读书的书呆子。所以，适当的跨越是必要的。

适当跨越要求人们读书时，学会动脑分析，分清主次，抓住书中重要线索和主要矛盾、主要问题，下苦功夫把书读懂。等全书的主要内容、基本观点都清楚了，书中的重点和精华都掌握了，再回过头来研究一下开始遇到的小问题，有的已经不成问题了。因为在解决某些重大问题时，一些小问题自然地被解决了，有的可能还没有解决，这时再来研究解决它可能会更容易些。

学习借鉴钱伟长的学习技巧，必须清楚，跨越的问题不能过大，必须是小问题，不影响对全书的理解和认识。适当跨越的目的不是"偷工减料"，而是更好地掌握书中的重点和精华。